「ことば」と
社会保障法
―規範的独自性を探る―

Hisatsuka junichi

久塚純一［著］

成文堂

目　次

イントロ──この『本』の狙い── ……………………………………………… *1*

『この本』の「狙い」と「全体像」 ……………………………………… *7*

第1部　探査機4号 " ことば " 突入準備
──「探査」のための実践訓練── ………………………… *15*

第1章　「場」と「ことば」に関する訓練
──［日常生活の「場」と「ことば」］と［社会保障関係法の「場」と「ことば」］ ……………………………… *19*

　Ⅰ　［条文の「ことば」］について［日常生活の「場」］で理解する（20）

　Ⅱ　［表現したい「コト」］と［条文という「場」の「ことば」］（21）

　Ⅲ　［条文という「場」の「ことば」］と［表現したい「コト」］（22）

　Ⅳ　［表現したい「コト」］を創出する「場」と「ことば」（23）

　Ⅴ　創り出される［条文という「場」の「ことば」］（24）

第2章　［「表現したいコト」と「ことば」］に関する訓練
──社会保障関係法にみられる「ことば」の「構造」………… *25*

　Ⅰ　社会保障関係法の「ことば」
　──［表現したい「コト」］＝［定義］のための「ことば」の「構造」（26）

　Ⅱ　社会保障関係法の「ことば」
　──［表現したい「コト」］＝［指摘・指定］のための「ことば」の「構造」（27）

　Ⅲ　社会保障関係法の「ことば」
　──［表現したい「コト」］＝［義務や約束］のための「ことば」の「構造」（28）

　Ⅳ　社会保障関係法の「ことば」
　──［表現したい「コト」］＝［可能性］のための「ことば」の「構造」（29）

　Ⅴ　社会保障関係法の「ことば」
　──［表現したい「コト」］＝［権利］のための「ことば」の「構造」（30）

目　次　i

第3章 「コト」と「ヒト」に関する訓練
──[「コト」と「ヒト」についての独自性]と「ことば」

·· *31*

Ⅰ ［表現したい「対象」］としての［順守すべき（されるべき）「コト」］と
「ことば」（32）

Ⅱ ［使用された「ことば」］と［順守すべき（されるべき）「コト」］（33）

Ⅲ ［表現したい「対象」］としての［順守すべき（されるべき）「ヒト」］と
「ことば」（34）

Ⅳ ［使用された「ことば」］と［順守すべき（されるべき）「ヒト」］（35）

Ⅴ ［「コト」と「ヒト」についての独自性］──［表現したい「対象」］と
［使用された「ことば」］（36）

第4章 「意味」に関する訓練
──[「ことば」と「意味」]の関係を介して見られる社会保障

関係法の独自性·· *37*

Ⅰ 議論に見られる［「ことば」と「意味」］の関係（38）

Ⅱ 条文に見られる［「ことば」と「意味」］の関係（39）

Ⅲ 社会保障関係法における［「語」と「条文」と「意味」］（40）

Ⅳ 社会保障関係法に見られる［「語の配置」と「意味」］（41）

Ⅴ 社会保障関係法における［「ことば」と「意味」］との関係（42）

第5章 「時間」に関する訓練──「時間」の経過と「ことば」··· *43*

Ⅰ 社会保障関係法における［「ことば」の「意味」］の変容（44）

Ⅱ ［生き残る「ことば」］と［取り換えられる「ことば」］（45）

Ⅲ 社会保障関係法における［新しい「ことば」］の誕生（46）

Ⅳ ［「ことば」の取り換え］からわかること（47）

Ⅴ 「時間」の経過と［社会保障関係法の「ことば」］（48）

［探査機4号 "ことば" 突入準備］のための補足テーマ
──「探査」のための実践訓練

·· *49*

第2部　探査機4号"ことば"最初のワールドへ
——[「社会保障関係法の生産工程」と「ことば」]——
.... *51*

第1章　初期的な生産工程と「ことば」................................ *55*

Ⅰ　初期的な生産工程と「ことば」
　——[表現したい「コト」の「模索」(56)

Ⅱ　初期的な生産工程と「ことば」
　——[表現したい「コト」と [「ことば」の模索](57)

Ⅲ　初期的な生産工程と「ことば」
　——[表現したい「コト」と [使用された「ことば」](58)

Ⅳ　初期的な生産工程と「ことば」
　——[表現したい「コト」と [使用されなかった「ことば」](59)

Ⅴ　初期的な生産工程と「ことば」
　——[使用された「ことば」]の「浸透」(60)

第2章　戦時の生産工程と「ことば」................................ *61*

Ⅰ　戦時の生産工程と「ことば」
　——[表現したい「コト」の「模索」(62)

Ⅱ　戦時の生産工程と「ことば」
　——[表現したい「コト」と [「ことば」の模索](63)

Ⅲ　戦時の生産工程と「ことば」
　——[表現したい「コト」と [使用された「ことば」](64)

Ⅳ　戦時の生産工程と「ことば」
　——[表現したい「コト」と [使用されなかった「ことば」](65)

Ⅴ　戦時の生産工程と「ことば」
　——[使用された「ことば」]の「浸透」(66)

第3章　戦後間もなくの生産工程と「ことば」.................... *67*

Ⅰ　戦後間もなくの生産工程と「ことば」
　——[表現したい「コト」の「模索」(68)

Ⅱ　戦後間もなくの生産工程と「ことば」
　——[表現したい「コト」と [「ことば」の模索](69)

Ⅲ　戦後間もなくの生産工程と「ことば」
　　──［表現したい「コト」］と［使用された「ことば」］（70）
Ⅳ　戦後間もなくの生産工程と「ことば」
　　──［表現したい「コト」］と［使用されなかった「ことば」］（71）
Ⅴ　戦後間もなくの生産工程と「ことば」
　　──［使用された「ことば」］の「役割」（72）

第4章　国民皆保険・国民皆年金の時期の生産工程と「ことば」 ………… *73*

Ⅰ　国民皆保険・国民皆年金の時期の生産工程と「ことば」
　　──［表現したい「コト」］の「模索」（74）
Ⅱ　国民皆保険・国民皆年金の時期の生産工程と「ことば」
　　──［表現したい「コト」］と［「ことば」の模索］（75）
Ⅲ　国民皆保険・国民皆年金の時期の生産工程と「ことば」
　　──［表現したい「コト」］と［使用された「ことば」］（76）
Ⅳ　国民皆保険・国民皆年金の時期の生産工程と「ことば」
　　──［表現したい「コト」］と［使用されなかった「ことば」］（77）
Ⅴ　国民皆保険・国民皆年金の時期の生産工程と「ことば」
　　──［使用された「ことば」］の「役割」（78）

第5章　見直しの時期の生産工程と「ことば」 ……………… *79*

Ⅰ　見直しの時期の生産工程と「ことば」
　　──［表現したい「コト」］の「模索」（80）
Ⅱ　見直しの時期の生産工程と「ことば」
　　──［表現したい「コト」］と［「ことば」の模索］（81）
Ⅲ　見直しの時期の生産工程と「ことば」
　　──［表現したい「コト」］と［使用された「ことば」］（82）
Ⅳ　見直しの時期の生産工程と「ことば」
　　──［表現したい「コト」］と［使用されなかった「ことば」］（83）
Ⅴ　見直しの時期の生産工程と「ことば」
　　──［使用された「ことば」］の「役割」（84）

［探査機４号“ことば”最初のワールドへ］のための補足テーマ
——［「社会保障関係法の生産工程」と「ことば」］
.... 85

第３部　相互作用のワールド
——［「ことば」の変化］・［「意味」の変化］と
「社会保障関係法」—— 87

第１章　実験工房 91

Ⅰ　「ことば」の取り換え（92）

Ⅱ　使用される「ことば」と順序（93）

Ⅲ　「ことば」の説明ための「ことば」（94）

Ⅳ　［「過去」に存在していたモノ］についての「同時代的ことば」と「現代的ことば」（95）

Ⅴ　「新しい事態」の発生と「ことば」（96）

第２章　「医療保障関係法」を巡る［「ことば」の相互作用］
.... 97

Ⅰ　［「医療保障関係法」を巡る「ことば」］の「創造」（98）

Ⅱ　［「医療保障関係法」を巡って使用される「ことば」］と［関連領域の「ことば」］（99）

Ⅲ　［「医療保障関係法」を巡って使用される「ことば」］と［普遍性を有する「ことば」］（100）

Ⅳ　「医療保障関係法」を巡る［独自の「ことば」］（101）

Ⅴ　［医療保障関係法」を巡る「ことば」］の独自性（102）

第３章　「所得保障関係法」を巡る［「ことば」の相互作用］
.... 103

Ⅰ　［「所得保障関係法」を巡る「ことば」］の「創造」（104）

Ⅱ　［「所得保障関係法」を巡って使用される「ことば」］と［関連領域の「ことば」］（105）

Ⅲ　［「所得保障関係法」を巡って使用される「ことば」］と［普遍性を有する

目　次　v

「ことば」」（106）

　　　Ⅳ　「所得保障関係法」を巡る［独自の「ことば」］（107）

　　　Ⅴ　［「所得保障関係法」を巡る「ことば」］の独自性（108）

第4章　「社会福祉関係法」を巡る［「ことば」の相互作用］

　　　　　　　　　　　　　　　　　　　　　　　　　　　　　　　　　　109

　　　Ⅰ　［「社会福祉関係法」を巡る「ことば」］の「創造」（110）

　　　Ⅱ　［「社会福祉関係法」を巡って使用される「ことば」］と［関連領域の「こと
　　　　ば」］（111）

　　　Ⅲ　［「社会福祉関係法」を巡って使用される「ことば」］と［普遍性を有する
　　　　「ことば」］（112）

　　　Ⅳ　「社会福祉関係法」を巡る［独自の「ことば」］（113）

　　　Ⅴ　［「社会福祉関係法」を巡る「ことば」］の独自性（114）

第5章　「生活保護法」を巡る［「ことば」の相互作用］… *115*

　　　Ⅰ　［「生活保護法」を巡る「ことば」］の「創造」（116）

　　　Ⅱ　［「生活保護法」を巡って使用される「ことば」］と［関連領域の「ことば」］（117）

　　　Ⅲ　［「生活保護法」を巡って使用される「ことば」］と［普遍性を有する「こと
　　　　ば」］（118）

　　　Ⅳ　「生活保護法」を巡る［独自の「ことば」］（119）

　　　Ⅴ　［「生活保護法」を巡る「ことば」］の独自性（120）

　　［相互作用のワールド］のための補足テーマ

　　　──［「ことば」の変化］・［「意味」の変化］と「社会保障関係法」──

　　　　　　　　　　　　　　　　　　　　　　　　　　　　　　　　　121

第4部　「再生産と消滅」・「連続性・非連続性」のワールド
　　　──［「社会保障関係法」の「改廃」］と「ことば」── *123*

第1章　試行錯誤の実験工房 *127*

　　　Ⅰ　「法改正」と「ことば」（128）

　　　Ⅱ　「法律の連続性」確保と「ことば」（129）

　　　Ⅲ　「ことばの連続性」確保と「法律」（130）

Ⅳ　「ことば」を取り換えるというコト（131）

Ⅴ　［生き残る「ことば」］と［なくなる「ことば」］（132）

第2章　「ことば」の選択・配置・役割・機能 ……………… *133*

Ⅰ　［「社会保障関係法」の「改廃」］と「ことば」（134）

Ⅱ　［「社会保障関係法」の「改廃」］と「ことば」の選択（135）

Ⅲ　［「社会保障関係法」の「改廃」］と「ことば」の配置（136）

Ⅳ　［「社会保障関係法」の「改廃」］と「ことば」の役割（137）

Ⅴ　［「社会保障関係法」の「改廃」］と「ことば」の機能（138）

第3章　［「ことば」の交換］と［新しい「意味」］ ………… *139*

Ⅰ　［「表現したいコト」についての説明］と「ことば」（140）

Ⅱ　［「ことば」を巡る議論］のための「ことば」（141）

Ⅲ　［「ことば」を巡る議論］と［「ことば」の交換］（142）

Ⅳ　［「ことば」の交換］による［条文の新しい「意味」］（143）

Ⅴ　［条文の新しい「意味」］と［「ことば」の新しい「意味」］（144）

第4章　「制度の生命維持装置」としての「ことば」……… *145*

Ⅰ　「制度が維持されるコト」と「ことば」（146）

Ⅱ　「制度維持が困難なコト」と「ことば」（147）

Ⅲ　「制度維持の必要性」を説明するための「ことば」（148）

Ⅳ　「制度維持の役割」を担う「ことば」（149）

Ⅴ　「制度の生命維持装置」としての「ことば」（150）

第5章　「制度の消滅」と「ことば」…………………………… *151*

Ⅰ　「制度の消滅」と「制度の残像」（152）

Ⅱ　「消滅した制度」と「ことば」（153）

Ⅲ　［遺物となる「ことば」］と［生き残る「ことば」］（154）

Ⅳ　［遺物となった「ことば」］の居場所（155）

Ⅴ　制度の消滅と「ことば」（156）

「再生産と消滅」・「連続性・非連続性」のワールドのための補足テーマ
　　──［「社会保障関係法」の「改廃」］と「ことば」──

………………………………………………………………………… *157*

目　次　vii

第5部 「抽象化」訓練のワールド
——[「社会保障関係法」の「抽象化」] と 「ことば」——
.... *159*

第1章 [「社会保障関係法」にみられる「主体」] の「抽象化」訓練——[「主体」に関わる「ことば」] の「抽象化」… *163*

   Ⅰ 「社会保障関係法」にみられる「主体」（164）
   Ⅱ [「社会保障関係法」にみられる「主体」] に関わる「ことば」（165）
   Ⅲ [「社会保障関係法」にみられる「主体」] の相互関係（166）
   Ⅳ [「社会保障関係法」にみられる「主体」] の「抽象化」（167）
   Ⅴ [「主体」に関わる「ことば」] の「抽象化」（168）

第2章 [「社会保障関係法」にみられる「出来事」] の「抽象化」訓練——[「出来事」に関わる「ことば」] の「抽象化」… *169*

   Ⅰ 「社会保障関係法」にみられる「出来事」（170）
   Ⅱ [「社会保障関係法」にみられる「出来事」] に関わる「ことば」（171）
   Ⅲ [「社会保障関係法」にみられる「出来事」] の相互関係（172）
   Ⅳ [「社会保障関係法」にみられる「出来事」] の「抽象化」（173）
   Ⅴ [「出来事」に関わる「ことば」] の「抽象化」（174）

第3章 [「社会保障関係法」にみられる「関係」] の「抽象化」訓練——[「関係」に関わる「ことば」] の「抽象化」… *175*

   Ⅰ 「社会保障関係法」にみられる「関係」（176）
   Ⅱ [「社会保障関係法」にみられる「関係」] に関わる「ことば」（177）
   Ⅲ [「社会保障関係法」にみられる「関係」] の相互関係（178）
   Ⅳ [「社会保障関係法」にみられる「関係」] の「抽象化」（179）
   Ⅴ [「関係」に関わる「ことば」] の「抽象化」（180）

第4章 [「社会保障関係法」にみられる「責任」] の「抽象化」訓練——[「責任」に関わる「ことば」] の「抽象化」… *181*

   Ⅰ 「社会保障関係法」にみられる「責任」（182）
   Ⅱ [「社会保障関係法」にみられる「責任」] に関わる「ことば」（183）

Ⅲ 「「社会保障関係法」にみられる「責任」の相互関係（184）

Ⅳ 「「社会保障関係法」にみられる「責任」の「抽象化」（185）

Ⅴ 「「責任」に関わる「ことば」の「抽象化」（186）

第5章 「「社会保障関係法」にみられる「意思」の「抽象化」訓練──「意思」に関わる「ことば」の「抽象化」 … 187

Ⅰ 「社会保障関係法」にみられる「意思」（188）

Ⅱ 「「社会保障関係法」にみられる「意思」に関わる「ことば」（189）

Ⅲ 「「社会保障関係法」にみられる「意思」の相互関係（190）

Ⅳ 「「社会保障関係法」にみられる「意思」の「抽象化」（191）

Ⅴ 「「意思」に関わる「ことば」の「抽象化」（192）

「「抽象化」訓練のワールド」のための補足テーマ

──「「社会保障関係法」の「抽象化」」と「ことば」──

.... 193

第6部 ＜「社会保障関係法」のワールド＞から＜「社会保障法」のワールド＞への突入──異相空間での「ことば」の選択・配置・役割・機能── 197

第1章 実験工房 201

Ⅰ ＜「社会保障関係法」のワールド＞から＜「社会保障法」のワールド＞への突入とは（202）

Ⅱ ＜「社会保障関係法」のワールド＞に止まるコトの困難性（203）

Ⅲ ＜「社会保障関係法」のワールド＞から＜「社会保障法」のワールド＞への突入準備（204）

Ⅳ ＜「社会保障関係法」のワールドの「ことば」＞と＜「社会保障法」のワールドの「ことば」＞（205）

Ⅴ 「具体的に存在する「ことば」」と「「抽象的な場」の「ことば」」（206）

目 次 ix

第2章 ＜「社会保障関係法」のワールド＞と＜「社会保障法」のワールド＞——異相空間相互での「ことば」の関係

.... *207*

- I 異相空間相互での「ことば」の関係——第三項の設定（208）
- II 異相空間相互での「ことば」の関係——抽象化の介在（209）
- III 異相空間相互での「ことば」の関係——抽象的「場」の設定（210）
- IV 異相空間相互での「ことば」の関係——「文章」(全体)の中の「語」（211）
- V 異相空間相互での「ことば」の関係——相互規定（212）

第3章 抽象化のための逆引き辞典作成 *213*

- I 逆引き辞典の意味（214）
- II 逆引き辞典作成の重要性（215）
- III 逆引き辞典作成の手順（216）
- IV 逆引き辞典作成の「力」の源（217）
- V 逆引き辞典作成による［新しい「ことば」］（218）

第4章 ＜「社会保障法」のワールド＞への突入
——［「主体」・「出来事」・「給付」・「費用」・「空間」についての「ことば」］ *219*

- I ＜「社会保障関係法」の「主体」についての「ことば」＞と＜「社会保障法」の「主体」についての「ことば」＞（220）
- II ＜「社会保障関係法」の「出来事」についての「ことば」＞と＜「社会保障法」の「出来事」についての「ことば」＞（221）
- III ＜「社会保障関係法」の「給付」についての「ことば」＞と＜「社会保障法」の「給付」についての「ことば」＞（222）
- IV ＜「社会保障関係法」の「費用」についての「ことば」＞と＜「社会保障法」の「費用」についての「ことば」＞（223）
- V ＜「社会保障関係法」の「空間」についての「ことば」＞と＜「社会保障法」の「空間」についての「ことば」＞（224）

第5章 ＜「社会保障法」のワールド＞への突入
　　──[「関係」・「責任」・「意思」・「現象の形態」のありように
　　ついての「ことば」] ………………………………………… *225*

　　Ⅰ　＜「社会保障法」のワールド＞への突入
　　　──[「関係」（のありよう）についての「ことば」]（226）
　　Ⅱ　＜「社会保障法」のワールド＞への突入
　　　──[「責任」（のありよう）についての「ことば」]（227）
　　Ⅲ　＜「社会保障法」のワールド＞への突入
　　　──[「意思」（のありよう）についての「ことば」]（228）
　　Ⅳ　＜「社会保障法」のワールド＞への突入
　　　──[「現象の形態」（のありよう）についての「ことば」]（229）
　　Ⅴ　＜「社会保障法」のワールドのありよう＞と「ことば」（230）

[＜「社会保障関係法」のワールド＞から＜「社会保障法」のワールド＞
への突入]のための補足テーマ
　　──異相空間での「ことば」の選択・配置・役割・機能──
………………………………………………………………………… *231*

エピローグ ……………………………………………………………… *235*
あとがき ………………………………………………………………… *241*

イントロ
──この『本』の狙い──

「社会保障法ワールド」探検隊

「隊長‼　ここで諦めてはだめです。眠ったら死にます。」

「……」

「隊長‼　毎年、毎年、新しい探査機をつくって試したじゃないですか。[探査機１号“考え方”]、[探査機２号“ありよう”]、[探査機３号“議事録”]、次の探査機。」

「ふぅ。そんなにせかすな。銀河系のはるかむこう。探査先としての「社会保障法ワールド」が存在しているコトまでは分かっている。今まで、いろんなチームが試したようだが、どれもこれも、同じところでうろうろしている。先に進めなくなっているのだ。」

「原点に戻りませんか？　ホラ、いろんなチームが試していて先に進めなくなっている……いろんなチームの方法を一から精査してみましょうよ。」

「確かに。待てよ。そうか…。わしらのチーム、いろんなチーム。わかった。共通している方法。共通している道具。これだ。[ことば]だっ‼‼」

「隊長、[ことば]って、ソシュール、ウィトゲン・シュタイン、フーコー、クリスティヴァ、バルト、チョムスキーですか？」

「そう。そう、だ。そう、です。ソウダです。早田です。」

「隊長、28秒前と比べてイキイキしてますネ。」

「３カ月で試作品。そのあと、２カ月で完成だ。やるぞ。」

探査機４号“ことば”の設計

「で、どんな探査機ですか？」

「[探査機４号“ことば”]だ。これを使って「社会保障法ワールド」に突入だ。」

「戻ってこれますですか？」

「やってみんとワカラン」

「よし。試してみるか……対象物」

「形容詞と名詞の組み合わせからですね。“高層住宅”。音声入力。」

「“kousoujutaku”どうだ？」

「“高僧受託”が出てきました。滑絶が悪いですね」

イントロ　　1

「次 !! "定額の高額療養費"」

「teigakuno kougakuryoyouhi」

「どうだ？」

「"低額の高額療養費" が出てきました」

「上手くいかないもんだな」

「形容詞が上手くいきませんね」

「"不審な荷物"」

「どうだ？」

「探査機４号が怒っていますよ。「びー、そもそも、"不審な荷物" というものは
　ありません。"あなたが不振だと感じた荷物" と言い換えろ!!」と言っていま
　す。どうします？」

「探査機４号、意味の生成部分が弱点だな。ソシュール回線を工夫しないとな。」

「shakaihosho」

「釈迦意歩哨。」

「音声はきっちり受け取っているはずだがな。」

「逆に、"意味されるコト" から入ってみたらどうですか。ソレが上手く "音" に
　なるかどうか。」

「ためしてみるか」

「"おたがひにたすけあふ"。」

「出ました。"相互扶助" 〔(注)『健康保険被保険者心得』（内務省社會局保険部
　昭和 10 年、1 頁）〕。出典もついてます。」

「おっ、これならいけるぞ。」

「"療養の給付に際しての一部負担金を合算した額が高額の際に支給されるわずか
　な額の給付"」

「"低額の高額療養費"!!　すごい !!」

「探査機４号 "ことば"、強みはコレですね。」

探査機４号 "ことば" 試作品

「すべて国民は、健康で文化的な最低限度の生活を営む権利を有する。」

「入れ替えるぞ」

「装置 No.9 "順序"」「ON!!」

「はい」

「すべて健康で文化的な権利は、生活を営む最低限度の国民を有する。」

「文法的には OK です。」

「すべて最低限度の生活で、健康は文化的な権利を営む国民を有する。」

「文法的には何とか OK です。」

「最低限度の権利を有する国民は、すべて健康で文化的な生活を営む。」

「文法的には OK です。」

「健康で文化的な権利を有する国民は、すべて最低限度の生活を営む。」

「文法的には何とか OK です。」

「健康を有する文化的な国民は、すべて最低限度の権利で生活を営む。」

「でも、なんか妙な具合です。意味が逆になったような気がします。」

「元の条文は ???」

「「すべて」「国民」「は」「健康」「で」「最低限度」「生活」「権利」……」「使っている単語は同じなのになぁー」

「意味が変わったように感じるのは、どうしてでしょう」

「あっ、そうか。これだよ、これ。これぞワールドだ」

「使用するために選ばれる「語」と「配置」と「全体性」の具合」

「「スキー場」「男性」「日焼け」「歯」「白」「タバコ」「歯磨き粉」」

「単語を一つ変えてみましょうか」

「「病室」「男性」「日焼け」「歯」「白」「タバコ」「歯磨き粉」」

「いいぞ、そのまま順番を入れ変えろ!!」

「「日焼け」した「病室」で「タバコ」を吸っている顔の「白」い「男性」の「歯」に残された「歯磨き粉」???」

探査機 4 号 "ことば" 試運転

「さあて、試してみるか。」

「"ズレ"の部分がうまくできてますかね。」

「ここからが大変だ。」「2018 年 1 月 5 日の次の日のコト。」

「2018 年 1 月 5 日の"あした"と出ました。」

「やっぱり駄目か。2018 年 1 月 5 日の"翌日"とはならなかったか」

「最初のデートの日の前の日のコト」

「最初のデートの日の"きのう"と出ました。」

「やっぱり駄目か。"その前日"とはならなかったか」

「2000 年の前の年」

「2000 年の去年」

イントロ　3

「やっぱり駄目か」

「直接話法、間接話法、時制。まだ弱そうですね」「翻訳はどうですか？」

「ミックジャガー」

「肉じゃが」

「Movin」

「アストロノーツの太陽のかなたに」、「藤本好一？　のってけ、のってケ、のっ
　てけ、サーフィン」「……ゴールデンハーフ」

「翻訳能力は弱いです。次、いきますよ。」「＜「そのコトについては全く問題な
　い」という「ことば」＞」「入力しました」

「どうだ？」

「＜ビービーむむむ。私、悩んでいます。それについては、①「そのコトについ
　ては問題がある」とか「そのコトについては問題がない」というような次元の
　事柄＞にとどまらせるか、②＜「そのコトについて、全く問題ないというふう
　に認識しているコト」という次元の事柄＞とするか、③＜「そのコトについ
　て、全く問題ないというふうに認識しているどうかは別にして、そのような音
　声を発しているコト」という次元の事柄＞とするか、が問われるコトになる。
　……」

「すごい!!!」「探査機4号"ことば"、「発語」・「構造関係」に強いですね。コ
　レ、記者会見で使えますね。」

◗ 探査機4号"ことば"実用化直前

　「社会保障法ワールド」探検隊は、いよいよの実用化に向けてTVを
見ながらアレコレと実験を繰り返していた。気になっていたことは、
[「約束する」という"音"の発語]と[約束したことを本当に実行す
る]ということとの関係であった。

「選挙なんかで公約ってあるじゃないですか。アレは"音"だけですか？"文字"
　だけですか？」

「あわてるな」

「あっ、ニュース、丁度いい。"断じて許しません"なんていってますよ。試して
　みましょうか。」

「"DANNJITEYURUSHIMASENN"入力完了」

「どうだ……。どうなった。」

4　　イントロ

「探査機４号"ことば"が苦しんでます。」

「DANNJITEYURUSHIMASENN……という落書き」

「DANNJITEYURUSHIMASENN……という独り言」

「DANNJITEYURUSHIMASENN……という寝言」

「DANNJITEYURUSHIMASENN……発語しているけれど実行しない」

「DANNJITEYURUSHIMASENN……狼が来る少年」

「DANNJITEYURUSHIMASENN……机をたたいている」

「最後の DANNJITEYURUSHIMASENN は、ちょっと本気ですね。」

「音は同じなのに、な。」

「"聞く主体"に響きますよね」

「そうだ。"前言語"だ。」

「構成要件ですよ、これは。分かった。支給要件、法意識」

「兎に角、ここまではできた。実践訓練を積んだらうまくいくかもしれん」

「やってみますか？　入りますよ。狭いですね」

「用心して入れよ。壊すな。これは訓練だからな。タイムマシンの時も無茶した
　だろうが」

「あれは面白かったですね。どうしてますかね、居酒屋の大将。あー、焼酎、イ
　モ、お湯割り、梅干し入り」

「探査機４号"ことば"の中でタイムマシンを使ったら、帰ってこれんぞ。タイ
　ムマシン、作業デスクの上に置いていけ!!!」

《2018 年 7 月 16 日 18 時 00 分》

探査機４号"ことば"使用上の注意

　（危険!!!）＜「日常生活」の場面で、試してみようなんて気になっ
て、こんなことをやり過ぎると「日常生活」に支障をきたすおそれがあ
りますので、実験はお勧めいたしません。ドウシテモ試したいという場
合は、時々は外出するように、そして、部屋で実験する場合は必ず「換
気扇」を運転させください。＞

イントロ　5

『この本』の「狙い」と「全体像」

『この本』の「狙い」

『この本』の狙いは、[「ことば」というモノ]を手掛かりとして「社会保障法」とはどのようなモノなのかに接近するコトである。

なぜこのようなコトになったのかについて、少し経緯を辿ってみよう。『「考え方」で考える社会保障法』（成文堂 2015 年）では、所与のモノとしての「社会保障に関係する法現象」について、様々な考え方が成り立つコトを提示し、ソレとの関係で「社会保障法」について、様々な考え方が成り立つコトを提示した。そして、『「ありよう」で捉える社会保障法』（成文堂 2016 年）では、「社会保障」というモノが、法的にどのように現象するのか？というコトに意を注いだ。さらに、『「議事録」で読む社会保障の「法的姿」』（成文堂 2017 年）では、議事録を手掛かりにして、どのように語られた結果として、「社会保障に関する法律」が、その「姿」を現すコトになったのかを描くコトを試みた。残されている作業は複数あるが、『この本』では[「ことば」というモノ]を手掛かりにするコトとした。では、なぜ[「ことば」というモノ]なのか？それは、私たちが実践してきた「社会保障法」についての研究方法と関係している。そのコトについて、もう少しだけ具体的に述べておこう。

「社会保障法」についての様々な研究のベースにあるモノは、「そもそも、社会保障法とはどのようなモノなのか」という「問い」である。そして、「社会保障法とはどのようなモノなのか」という「問い」に対して、私たちが「解」として提示してきたモノは、たとえば、①憲法 25条の生存権を核として、そこから独自の法としての「社会保障法」を構築するという方法の「結果」であったり、②各種の法律の制定や度重なる法改正を経る歴史的過程、さらには、裁判の結果を介して、法主体や

給付内容が「限定的なものから普遍的なものへ」という具合に展開する過程を跡付けるというような方法の「結果」であったりする。私も含めて、多くの研究者がこのような方法によって得られた「結果」を「解」として提示してきた。しかし、「解」として提示されたモノは、結局のところ、①その研究者にとっての「あるべき姿」の提示であったり、②「（条文や判決というような）結果」についての「総合的な説明」にすぎないモノであり、よくても、③「（条文や判決というような）既に与えられたモノ」を「抽象化したモノ」にとどまってしまっている。それにもかかわらず、私たちは、それまでの説明を微調整した「もう一つの解」の提示を繰り返している。このような現実を目の当たりにした時、私達がなすべきコトは、同じ次元での右往左往という「結果」しかもたらさないような作業を繰り返すコトではなく、一歩でも先に進むコトを可能とするような「方法」を探索し、「ひょっとしたら」という見当がついたら、「その方法」による考察を試してみるコトである。このコトについて、思い切り単純化して、一般論的にいうなら、探索の手順は以下のようになる。すなわち、①様々な「結果」のように見えるモノでありながらも、その「結果に見られる共通したコト」に着目するコト、そして、②「結果」を提示する際に使用される「方法」に光を当て、それらに「共通している提示方法」を見つけ出し、③「結果に見られる共通したコト」と「共通している提示方法」との相互関係について考察する、というような手順がソレに当たる。そこで、私達の提示してきた［「結果」と「方法」］に、この手順を当てはめてみるなら、まずは、①［先に進めないというコト］が「結果に見られる共通したコト」として生じているコトに注目するコトになる。そして、②［「ことば」を使用するという方法］を「共通した提示方法」として採用しているコトを指摘するコトができる。この二点に着目するなら、［先に進めないというコト］と［「ことば」を使用するという方法］との相互関係について考察するコトが求められるコトになる。「そんな無茶な！！」という風に受け取ら

れるかもしれないが、どうなるかは試してみなければわからない。挑戦するコトの持っている意義について、追加的に述べておこう。

　［「音」としての同一性］、そして、［「文字」としての同一性］を有している「ことば」が複数の場で使用されていたとしてみよう。使用されたそれらの「ことば」は、はたして、「同一の内容」をもったモノとして存在しているのであろうか。答えは、もちろん、「はい」・「いいえ」・「???」である。重要なコトは、このように「はい」・「いいえ」・「???」となっているコト自体に着目するコトである。現代日本で言うなら、「女性の活躍」「同一（価値）労働同一賃金」「ダイバーシティ」などの「音」としての、そして、「文字」としての使われかたと、それに対しての私たちの反応や対応の仕方を見ればこのコトは明らかである。私が言いたいコトは、「ことば」をいい加減に使うなというコトでもないし、「一つの語」には、「一つの意味」を！！！というコトでもない。言いたいコトはむしろ逆で、そのような社会に私たちが生きているというコトを先ず承認しよう、というコトである。「ことば」の使用によってなされる表現が、結果として「そのようなコトになってしまう」というコトを踏まえたうえで、私たちがなすべきコトを方向づけしなければならないのである。

　さらに注意しなければならないコトは、［「女性が輝く社会を作ります」と「発語するコト」］と、［「発語された内容」を「実行するコト」］は別の次元の事柄であるということについてである。素晴らしい法制度を作るような「発語」がなされながらも、結果として、多くの人々が理解したモノとは「異なる内容」を有するモノとして作ることなど、いとも簡単なコトである、というコトになる。このような方法は、しばしば、巧みに利用されるコトになる。ここで鍵を握っているモノが［「ことば」というモノ］というコトになる。

　「社会保障法」とは何か？という「問い」に対しての答えが、①「独自性を有する規範の体系」であると表現されたとしても、あるいは、②

「独自の法」であると表現されたとしても、いずれにしても、私たちは、ソレについて「ことば」を介して表現し、「ことば」を介して理解するコトになっている（もちろん、それ以外での方法もあるが、ここではふれないコトとする。）。そして、このコトは「市民法」とは何か??という「問い」についても同様である。結果としてひねり出された「解」は、（観察する側が捉えた）「何らかの共通した特徴を備えた対象」についての「ことば」を介した表現であり、私たちは、それらについて、「社会保障法」だとか、「市民法」という「ことば」を割り当てているのである。

もし、この両者＝「社会保障法」と「市民法」＝を区別してみようと考えたならば、①両者のコトを表現するために「使用することば」が、そもそも、異なる、②両者の中における「ことば（自体）」が異なる、③両者の中における「ことば」の役割が異なる、等などの点に着目するコトによっても、「社会保障法」の独自性を把握できるというコトになる。

あなたがパン屋さんに入った。目の前には「具体的な様々なパン」がある。その「目の前の、個々の具体的な様々なパン」は、私たちを、一方では「目の前の、個々の具体的な様々なパン」という現実の次元にとどまらせるコトになるが、同時に、「パンという（抽象的な）モノ」という（あなたの現実から離れた）観念のレベルに引き上げるコトにもなる。目の前の「様々な具体的なパン」を見ながらも、店内での友達との会話の場面では、それらを、（抽象化された）「パンとして」位置づけた会話が成り立つような関係も作り出されるコトになる。そこで生じているコトは、［現存のパンを見ているコト］と　［抽象化された「パンというモノ」］との関係というコトになるが、このような「抽象化」は、［「規範」によって作り出される関係の抽象化］と同様である。「（具体的な）民法典」や「（具体的な）刑法典」自体が（それほど）改正されないというコト（＝「（抽象的な意味での）パンというモノ」をつくりやすいというコト）との関係で、「（抽象的な意味での）市民法」は、［「規範」によって作り出される関係の抽象化］と［「ことば」を介した抽象化］とが併存しやす

10　　『この本』の「狙い」と「全体像」

い状態にあるコトになる。それに対して、「社会保障法」の場面では、[「ことば」に内在する「力」] が顕在化するコトになる。その理由は以下の通りである。①（甲）「社会保障関係の諸法規」の生成の繰り返しや「裁判」の結果として、（乙）「社会保障法」が認識・把握できるようになる（概念化の可能性）。②しかし、繰り返される「制定・改廃」というモノが、「ことば」を介して行われるコトから、内容・回数・速度というような点での、何らかの限界を超えた「制定・改廃」の繰り返しは、「ことば」の有する「共通した感覚の生成」を損なうコトをもたらし、結果として、一貫して（甲）は存在するものの、それは、（乙）を伴わないモノとなる。その結果、（乙）においては「抽象的」なモノの影は薄くなり、[（恣意性に支えられた）「ことば」を使用する者の込めた「意味」] には破れ去ってしまうコトとなる。

　折角「パンとはこのようなモノなのだ」と言えそうになった直後に、「個々の具体的なパン（のようなモノ）」が続出するコトから、「コレでもパンなの？」という具合に、「抽象化したパン」を捉えにくくしているのである。「社会保障関係法」の具体的な改廃の続出が「（抽象化された）社会保障法というモノ」に接近するコトを困難にさせ、「個々の具体的な社会保障関係法」を「個々の具体的な社会保障関係法」の次元のままでとどまらせるのである。それどころか、[（概念化された）社会保障法というモノ」を「個々の具体的な社会保障関係法」という次元にまで引きずり下ろすコトさえしてしまう。ここにも［「ことば」というモノ］がかかわっている。

『この本』の「全体像」

　『「ことば」と「社会保障法」』——規範的独自性を探る——というアイデアまではよかったのだが、『この本』の「全体像」をどのように具体的なモノとするかという難問が立ちはだかっている。『「考え方」で考える社会保障法』（成文堂 2015 年）、『「ありよう」で捉える社会保障法』（成

文堂 2016 年)、『「議事録」で読む社会保障の「法的姿」』（成文堂 2017 年）と比べると、『この本』での試みはガラッと変わったモノであるかのように感じるかもしれない。しかし、原点に立ち返ってみると、[「社会保障法」とはどのようなモノなのかに接近する試み]というコトでは一貫性を有している。

『この本』を手に取った読者の方たちに少しでも私の意図していることを理解していただけたらと考え、以下のような構成で「全体」を組み立てるコトとした。果たしてうまくいくか……。

第 1 部／／探査機 4 号 "ことば" 突入準備——「探査」のための実践訓練——／／では、第 2 部以降に設定された「ワールド」にいきなり突入して混乱が生じるコトがないように、「実践訓練」の「場」を設けた。

第 2 部／／探査機 4 号 "ことば" 最初のワールドへ——[「社会保障関係法の生産工程」と「ことば」]——／／では、「社会保障関係法」の歴史的経緯をたどりながら、法案で使用された「ことば」と議事録での内容説明の「ことば」を手掛かりにして、「社会保障関係法の生産工程」についてみるコトとなる。

第 3 部／／相互作用のワールド——[「ことば」の変化]・[「意味」の変化]と「社会保障関係法」——／／では、表現方法を入れ替えるなどして、[「ことば」の変化]と[「意味」の変化]の相互作用を「社会保障関係法」の条文を手掛かりに捉える。

第 4 部／／「再生産と消滅」・「連続性・非連続性」のワールド——[「社会保障関係法」の「改廃」]と「ことば」——／／では、「社会保障関係法」の具体的な「改廃」の場を提示して「連続性・非連続性」が「ことば」とどのようにかかわっているのかを見るコトとなる。

第 5 部／／「抽象化」訓練のワールド——[「社会保障関係法」の「抽象化」]と「ことば」——／／では、具体的な「社会保障関係法」にみられる「主体」・「出来事」・「関係」・「責任」・「意思」の「抽象化」を、「ことば」を手掛かりとして試みるコトとなる。

第6部／／＜「社会保障関係法」のワールド＞から＜「社会保障法」のワールド＞への突入——異相空間での「ことば」の選択・配置・役割・機能——／／では、目の前にある個々の具体的な「社会保障関係法」と「社会保障法」との関係を、①「社会保障関係法」で使用されている「ことば」と、②「社会保障法」について考えたり論じたりする際に使用される「ことば」を手掛かりにしてみてみる。

> **『この本』の構成（全6部の全体像）**
>
> 第1部　探査機4号"ことば"突入準備
> 　　　　——「探査」のための実践訓練——
>
> 第2部　探査機4号"ことば"最初のワールドへ
> 　　　　——［「社会保障関係法の生産工程」と「ことば」］——
>
> 第3部　相互作用のワールド
> 　　　　——［「ことば」の変化］・［「意味」の変化］と「社会保障関係法」——
>
> 第4部　「再生産と消滅」・「連続性・非連続性」のワールド
> 　　　　——［「社会保障関係法」の「改廃」］と「ことば」——
>
> 第5部　「抽象化」訓練のワールド
> 　　　　——［「社会保障関係法」の「抽象化」］と「ことば」——
>
> 第6部　＜「社会保障関係法」のワールド＞から＜「社会保障法」のワールド＞への突入
> 　　　　——異相空間での「ことば」の選択・配置・役割・機能——

第1部

探査機4号 "ことば" 突入準備

——「探査」のための実践訓練——

第1部の全体像

探査機4号"ことば"突入準備——「探査」のための実践訓練——

第1部では、「ことば」を手掛かりとするというコトの下準備をするコトになる。その下準備は、探査機4号"ことば"によって第2部から第5部までのワールドを旅するための実践訓練である。そして、最終的には、第6部の＜「社会保障法」という抽象的なワールド＞に突入し、旅するための実践訓練でもある。

実践訓練といっても、ソレが「何」についての実践訓練であるかによって、行われる訓練方法は様々である。皆さんたちの中には、「そういえば、プールに入る前には準備運動をして、心臓に遠いところから水に慣れるようになんて、面倒なコトをさせられたものだ」と思い出した方もおられるだろう。実践訓練と呼べるモノかどうかは別として、いきなり始めてしまうと、とんでもないコトになるので、「それ以降に生じるコト」に体をなじませるわけである。

「教室」、「軍隊」、「議会」などなど、「ことば」は様々な場面で、様々に使用されている。同様のコトを表現しようとしているにもかかわらず、それぞれの場面で、使用される「語」やその「用法」、そして、「語の配置」の具合が異なるコトもある。逆に、使用される「語」や「語の配置」が同様であっても、ソレが使用される「場」との関係で、結果として、それぞれが異なったコトを表現しているような事態が生じるコトもある。想像できるコトは、［「ことば」というモノ］には特徴的な何らかの「力」が備わっており、使用されるそれぞれの「場」で、その「力」が発揮されるコトになるコトとの関係で、先ほど述べたようなコトが生じているのではないだろうか、というコトである。

独自の法としての「社会保障法」というコトを念頭に置くなら、「法」の主要な構成要素とされる「ヒト」のありようや「コト」のありようについても、何らかの独自性が、具体的なモノとして見られるのではないかというコトも気にかかる。

第1部の全体像　　17

そして忘れてならないのは、「意味」についての訓練である。議会などにおいて、どのような「語」が選ばれ、どのような構成の「文」や「文章」が使用され、結果として、それらの「語」、「文」、「文章」に対して、どのような「意味」が付与され、「法律」という形で最終的に「姿」を現したのかというコトも気にかかる。

　「ある状態」を表現するために「ある語」が使用されるというコトが、もし決まったとしたら、その決まりごとは永遠に続くのか？「答え」は、多分、「いいえ」である。では、時間と「ことば」との関係はどうなっているのか？このようなコトは、「言語学」の範疇であるといって片付けたいところだが、そういうわけにはいかない。なぜなら、「法律」は絶えず改正されているにもかかわらず、全体的なバランスは、何とか保たれているように感じられるからである。

第１部の具体的な構成

第１章　「場」と「ことば」に関する訓練
　　——[日常生活の「場」と「ことば」]と[社会保障関係法の「場」と「ことば」]
第２章　[「表現したいコト」と「ことば」]に関する訓練
　　——社会保障関係法にみられる「ことば」の「構造」
第３章　「コト」と「ヒト」に関する訓練
　　——[「コト」と「ヒト」についての独自性]と「ことば」
第４章　「意味」に関する訓練
　　——[「ことば」と「意味」]の関係を介して見られる社会保障関係法の独自性
第５章　「時間」に関する訓練——「時間」の経過と「ことば」

「場」と「ことば」に関する訓練——[日常生活の「場」と「ことば」]と[社会保障関係法の「場」と「ことば」]——（テーマの設定と扱う項目）

1・1

テーマの設定

　日ごろの生活では、私たちは「ことばがある」なんてコトはそれほど意識していない。ところが、改めて見まわしてみると、「新聞広告」、「通販」、「試験」などなど、「ことば」は氾濫している。「ことば」は、「音」として、そして、「文字」という形式で、様々な場面で、そして、様々な使用のされ方で、私たちを安心させたり、素通りしたりしている。親しい人との会話では、互いに同一のコトを表現しようとしているにもかかわらず、両者の使用している「語」自体が異なるコトがあるかもしれないし、[「語」の「配置」]の具合が異なるコトもあるかもしれない。逆に、使用される「語」や[「語」の「配置」]が同様のモノあったとしても、結果として、それぞれが異なったコトを表現しているようなコトが生じるかもしれない。今まで述べたようなコトが生じるのはなぜなのか。ひょっとすれば、[[「ことば」というモノ]は、使用されるそれぞれの場面で、「ことば」としての特徴を発揮するのではないか、なんてコトが気にかかってくる。

この章で扱う項目
　I　[条文の「ことば」]について[日常生活の「場」]で理解する
　II　[表現したい「コト」]と[条文という「場」の「ことば」]
　III　[条文という「場」の「ことば」]と[表現したい「コト」]
　IV　[表現したい「コト」]を創出する「場」と「ことば」
　V　創り出される[条文という「場」の「ことば」]

1・1　「場」と「ことば」に関する訓練　19

［条文の「ことば」］について
［日常生活の「場」］で理解する

　「国民生活」って、どんなコト？と問われて、「国民の生活」というコトさ、と答えても誤りではないように感じる。確かに、ソノ部分だけで見ると、両者は「ことば」として大差のないモノのようである。では、表現をもう少し長くしてみよう。①「……もつて健全な国民生活の維持及び向上に寄与することを目的とする」（国民年金法第１条）という部分を、②「……もつて健全な国民の生活の維持及び向上に寄与することを目的とする」と変形させて、「文字」で表現してしまうと、「健全な国民」というところに引っかかって、大変なコトになる可能性もある。しかし、「文字」で書かれた場合と比べて、複数人での会話というような場面では、先ほど述べた「健全な国民の生活の維持」が発語されたとしてもそのまま会話が進んでしまうコトもあるだろう。ただし、その会話の進行具合には幾つかの可能性がある。一つ目の可能性は、ＡさんとＢさんが、二人とも変形させる前の「健全な国民生活」と同じように感じた、である。二つ目は、Ａさんは変形させる前の「健全な国民生活」のように感じたが、Ｂさんは「健全な国民」という具合に理解して、大議論になった。さらには、ＡさんとＢさんが、二人揃って、「健全な国民」という風に理解した、という具合になる。ここで生じたコトは、「名詞」の直前に「その名詞を形容することば」が存在し、その後に位置する「名詞」が、［複数の「名詞」を組み合わせるコトによって作られた一つの概念を表す「名詞」］となっている場合に生じる出来事である。もし、［日常生活の「場」］での会話が、「先生と生徒」といった「社会的な力関係」を背景としてなされていたとしたら、「健全な国民生活」という先生の「発語」であっても、生徒の心の中では、［「健全な国民」の「生活」］となるコトがあるかもしれない。

［表現したい「コト」］と ［条文という「場」の「ことば」］

　［①「身体障害者」として受けるコトができる各種のサービスは、「身体障害者」に対してなされるモノです。②ただし、この場合、「私は障害者です」というような、自身の判断による結果では不十分です。③だからといって、当局の側から「あなたは身体障害者です」とレッテルを貼り付けるコトには問題がありますので、④もし、あなたが、自分のことを、サービスを受けるコトができる障害という状態にあるのではないかと思っている場合には、定められた検査を受けてください］というコトが、［表現したい「コト」］だったとしよう。読んだ限りでは、この長ったらしい表現は随分丁寧なモノであるし、何より、人権に配慮したようなモノのようにも感じる。要するに、表現したいコトは何だったのか。ソレは、①「自己判定」はダメ、②「権威ある機関による判定」が必要、③「権威ある機関による判定」の結果次第でサービスに結び付く、というコトである。上で述べたようなコトが［表現したい「コト」］である場合、法律ではどのように表現されるのであろうか。身体障害者福祉法の第４条は「この法律において、「身体障害者」とは、別表に掲げる身体上の障害がある十八歳以上の者であつて、都道府県知事から身体障害者手帳の交付を受けたものをいう」としている。そして、同法15条は「身体に障害のある者は、都道府県知事の定める医師の診断書を添えて、その居住地（居住地を有しないときは、その現在地）の都道府県知事に身体障害者手帳の交付を申請することができる。」としている。先程述べたような［表現したい「コト」］を表現するために、［条文の「ことば」］が、①（認定された）［「身体障害者」］と、②認定される以前の（＝自認の段階の）［「身体に障害のある者」］という具合に、使い分けされているコトに気がつかなければならない。

1・1　「場」と「ことば」に関する訓練　　21

［条文という「場」の「ことば」］と ［表現したい「コト」］

　「社会保障関係法」という「場」で使用されている「語」の中には、もっぱら、「そのような場」に限定されるような使用のされ方で存在しているモノもあれば、「日常生活の場」でも使用されているモノもある。ただ、法律などの「条文」では、法関係の「あり方」を表現する際の決まりごとに従うコトになるため、「日常生活の場」での決まりごととは微妙に異なるコトもある。しかし、［「社会保障関係法の場」で使用されている「ことば」］であれ、［「日常生活の場」で使用されている「ことば」］であれ、それらは、ともに「ことば」であるから、結果として面倒なコトが生じるコトもある。

　「入院時食事療養費」（健保法第85条等）という「語」は、一つの「名詞」として存在しており、主に、医療保険関係の特定の場面で、特別な意味を持って使用されるモノである。具体的には、「被保険者……が、……自己の選定するものから……療養の給付と併せて受けた食事療養に要した費用について、入院時食事療養費を支給する」（健保法85条など）という表現の中に存在する。［「入院時食事療養費」という一つの「名詞」］は、「入」「院」「時」「食」「事」「療」「養」「費」という「語」を組み合わせた結果のモノとして存在している。「入」「院」「時」「食」「事」「療」「養」「費」という細かく分解された「姿」からは、［「入院時食事療養費」という一つの「名詞」］に期待されている条文の中での役割は見えない。さらに、順序を変えて、「療養時食事入院費」としてしまうと、異なるコトを意味するモノとなりそうだ。しかし、「入」「院」「時」を組み合わせて「入院時」とし、「食」「事」「療」「養」を組み合わせて「食事療養」とし、「入院時」「食事療養」「費」という三つの塊にしてみると、［表現したい「コト」］が、うっすらと浮かび上がってくる。

［表現したい「コト」］を創出する「場」と「ことば」

　制度化するにあたっては、「このような制度を作りたい！！」という
コトが前提となる。そうはいっても、コノ［「このような制度を作りた
い！！」というコト］に「何」が該当するのかは、当初から決定されて
いるわけではない。［表現したい「コト」というモノ］は、当初から存
在しているのではなく、創り出されるモノなのである。高齢社会とな
り、介護についての制度創設が望まれると意識されたからといって、そ
の直後に、［表現したい「コト」］が、一定の形式を整えて姿を現すわけ
ではない。［表現したい「コト」］は、たとえば、①「家族介護」を軸に
しよう、②「公的介護」を軸にしよう、という具合に二分されるし、
［表現したい「コト」］としての給付の形態についても、①「サービスの
現物給付」としよう、②「金銭による給付」にしよう、という具合に二
分される。方針が決まったら、次は、「法律」という形にするために、
「（表現したいと）意図したコト」を的確に表現するには「どのような文
言」を使用して表現しなければならないか、という作業が待ち受けてい
る。「立法作業」は、［表現したい「コト」が創り出されるコト］と密接
に結びついているが、注意を要するコトは、①［表現したい「コト」の
存在］と、②［表現したい「コト」についての表現］が、それぞれ独立
した事柄であるというコトについてである。従って、［表現したい「コ
ト」の表現］＝立法＝がなされたからといって、その表現＝文言＝が、
すべての人に同じように理解されるような「内容物」を意味するモノと
なっているかは疑問である。そのようなコトから、まずは、①「真に表
現したいコト」をひた隠しにして、②同時に、［表現したい「コト」の
表現］を工夫するコトによって、③［真に表現したいコト］を、誰にも
気づかれないように創出する、そのようなコトも可能となるのである。

1・1　「場」と「ことば」に関する訓練　23

創り出される［条文という「場」の「ことば」］

　「概念化しようとする対象」に「どのような音」を割り当てるか。「概念化しようとする対象」に「どのような文字」を割り当てるか。これらは全く恣意的なコトである。ただし、その社会での生活を円滑に行うためには、割り当てがいったん確定したら、使用上の約束に従わなければならないコトになってくる。従って、［「日常生活」で多用されている「語」であって、その「指し示す対象」がある程度確定している「語」と同一の「語」］が、「社会保障関係法」で使用されると、「音」や「文字」が同一であるコトから、［「日常生活」レベルでの感覚］と［「社会保障関係法」レベルでの感覚］との間で相互交流が生じるコトがある。例として［「金銭」という「語」］を採り上げてみよう。生じそうな現象は、①［「金銭」という「語」］が「日常生活」で多用されており、指し示す対象がある程度確定しているために、②［「金銭」という「語」］は「社会保障関係法」レベルでの感覚となりにくく、③結果として、「金銭」についての「日常生活」レベルでの感覚が「社会保障関係法」レベルでの感覚に入り込む、というコトである。その結果生じるコトは、「社会保障関係法」に見られる［「金銭」という「語」］が、日常感覚に引きずり込まれる状態の常態化である。生活保護法に見られる［「金銭」という「語」］は、常にこのような危険にさらされている。このようなコトは、①［「給付」についての「名称」］と、②その［「具体的中身」］との関係でも生じる。例えば、「介護給付は、次に掲げる保険給付とする」（介保法第40条）というように、［「給付」についての「名称」］を、「現物給付」をイメージさせやすい「ことば」を使用して表現しながらも、その「具体的中身」を「居宅介護サービス費の支給」等々（＝費用の支給）（同条）としているコトがソレに当たる。

［「表現したいコト」と「ことば」］に関する訓練
——社会保障関係法にみられる「ことば」の「構造」——
（テーマの設定と扱う項目）

テーマの設定

　「日常生活の場」であれ、「社会保障関係法の場」であれ、①「表現されるコトになる対象」と、②「（表現するために使用される）ことば」との、相互の関係が鍵を握っているのではないか、というコトがココでの「問い」である。「条文の読み方」というような、既に出来上がった「約束事」の地点から出発せずに、ココでは、①「何らかの対象について表現したい」という状態を起点として、②「社会保障関係法」にみられる幾つかの「ことば」を利用しながら、③ソレについてはどのような「ことば」が対応するコトとなっているのであろうか、という手順で「解（らしきモノ）」に接近する。［「約束事」が出来上がるというコト］自体を手掛かりにして、「何か」に接近する。

　　　この章で扱う項目
　　Ｉ　社会保障関係法の「ことば」
　　　——［表現したい「コト」＝［定義］のための「ことば」の「構造」
　　Ⅱ　社会保障関係法の「ことば」
　　　——［表現したい「コト」＝［指摘・指定］のための「ことば」の「構造」
　　Ⅲ　社会保障関係法の「ことば」
　　　——［表現したい「コト」＝［義務や約束］のための「ことば」の「構造」
　　Ⅳ　社会保障関係法の「ことば」
　　　——［表現したい「コト」＝［可能性］のための「ことば」の「構造」
　　Ⅴ　社会保障関係法の「ことば」
　　　——［表現したい「コト」＝［権利］のための「ことば」の「構造」

社会保障関係法の「ことば」──［表現したい「コト」］ ＝ ［定義］のための「ことば」の「構造」

　［「A」という「語」］を使用するコトによって、［表現される「コト」］は「甲」であるという具合に、「甲」以外の内容物が入り込む余地がないくらいに、［「A」という「語」］と「甲」の関係が強ければ、［定義という形での「ことば」］は「姿」を現さない。「語」と「ソレが指し示す対象」との関係について、さらには、「語」の「使用方法」について、もし、「社会保障関係法」全般にわたって、共通したモノが確立されていれば、それぞれの法律で、いちいち［「定義」をするコト］の必要性は低くなる。また、類似の法律が全く存在していない状態においても、法律相互間での紛らわしいコトが生じないというコトであれば、［「定義」をするコト］の必要性は低くなる。実際、制定当初の「健康保険法」では、今日見られるような「定義という形」での規定は特に設けられていない。しかし、2018 年時点での「健康保険法」には、［表現したい「コト」］としての［定義］のための「ことば」が、第 3 条に数多く見られる。逆に言うと、「定義というモノ」が条文の中に姿を見せていないというコトであれば、「語」についての「意味」や「使用方法」についての紛争状態が生じにくいというコトになりそうである。しかし、必ずしもそうではない。なぜなら、「日常生活」で多用されている「語」を、その「意味」や「使用方法」を変更させるコトなく、「社会保障関係法」の中に忍び込ませた結果として、［わざわざ「定義」をせずに済ませている］というコトも考えられるからである。たとえば、生活保護法の［自立という「語」］（第 1 条）はそのような位置にある。その［自立という「語」］についての「日常生活」での「意味」や「規範意識」までもが、生活保護法の［自立という「語」］の中に入り込んでいる。

社会保障関係法の「ことば」──［表現したい「コト」］＝［指摘・指定］のための「ことば」の「構造」

　法律の中で、単なる［指摘・指定］のような役割を担った箇所でよく使われているのは［「△△」は「○○」である］というような形のモノである。この［「A」は「B」である］というような、単なる［主語・述語］のようなモノとして、例えば、「……に該当する者は、国民年金の被保険者とする」（国年法第7条）があげられる。「国民年金法」の全体構造から見れば、この「国年法第7条にある文章」が［表現したい「コト」］は、［「……に該当する者は、国民年金の被保険者とする」というコトにしておりますというコト］のみである。この［「△△」は「○○」である］という形のモノと似ている表現として、「定義」の箇所でよく見られる［「△△」とは「○○」（のこと）をいう］という形のモノがある。この［「△△」とは「○○」（のこと）をいう］という形のモノを、単なる［指摘・指定］のような［「A」は「B」である］という形に変形させると、先程の［「△△」は「○○」である］という文章になる。変形させたにもかかわらず、［表現したい「コト」］については、両者の間でそれほどの相違はないように感じる。ところが、実際の条文を使って、①「この法律において「共済組合」とは、法律によって組織された共済組合をいう」（健保法第3条10項）を、②「この法律において「共済組合」は、法律によって組織された共済組合である」という具合に、単なる［主語・述語］のような［「△△」は「○○」である］という形に変形させると、変形後の姿は、文章としての形は出来ているように見えるが、「よくわからないモノ」となっている。変形前の①が［「ある概念の内容」を「それ以外の概念やことばと区別できるように明確に限定する」ための「定義」であったのに対して、②は単なる［指摘・指定］である。

社会保障関係法の「ことば」──[表現したい「コト」] ＝［義務や約束］のための「ことば」の「構造」

　[表現したい「コト」]が［義務や約束］である場合、それらを表現するために当てられるのは、「……しなければならない」、「……してはならない」や「……する」というような「ことば」である。社会保障関係法をみると、［義務や約束］のための「ことば」は、例えば、「被保険者は、保険料を納付しなければならない」（国年法第88条）や「被保険者の疾病又は負傷に関しては、次に掲げる療養の給付を行う」（健保法63第）というように随所に見られる。

　「……しなければならない」という「ことば」によって表現される拘束された状態は、一般的に、そのような状態を確保し維持する権限と「対」をなして向かい合っている。例えば、「被保険者は、保険料を納付しなければならない」（国年法第88条）という被保険者の状態に対して、「政府は、国民年金事業に要する費用に充てるため、保険料を徴収する」（国年法第87条）という具合に、「納付する義務」と「徴収する（権利・権限）」が「対」になる形となっている。ところが、健保法をみてみると、「被保険者の疾病又は負傷に関しては、次に掲げる療養の給付を行う」（第63条）という、「保険者」の「義務」や「約束」のような表現は存在するものの、ソレに対応する「被保険者」の「権利」に該当するモノ（＝「被保険者は療養の給付を受ける権利を有する」というようなモノ）が見当たらない。しかし、「保険給付を受ける権利は、譲り渡し、担保に供し、又は差し押さえることができない」（61条）とされているコトから、「保険給付を受ける権利」（というモノ）は存在している。ココに見られる「姿」は、「甲」と「乙」の間の合意を基盤とした「権利」と「義務」というような、「民法」等にみられる「姿」のモノではない。

28　　第1部　探査機4号 "ことば" 突入準備

社会保障関係法の「ことば」——［表現したい「コト」］＝［可能性］のための「ことば」の「構造」

　［表現したい「コト」］が［可能性］というコトである場合、それを表現するための「ことば」は、「……するコトができる」や「……となるコトができる」というようなモノである。これらの「ことば」を使用するコトによって表現される「状態」は、まず、「する」という主体の行動を捉えて、ソレを「対象としてのコト」にまとめて「……するコト」とし、さらに、そのような「……するコト」についての「可能性」について表現するという形となっている。例えば、「老齢基礎年金の受給権を有する者であつて六十六歳に達する前に当該老齢基礎年金を請求していなかつたものは、厚生労働大臣に当該老齢基礎年金の支給繰下げの申出をすることができる」（国年法第28条）というようなモノがソレに当たるが、このような［可能性］のための「ことば」は、社会保障関係法では限定的である。すなわち、社会保障関係法に見られる関係は強制的な側面が強く、［可能性］を排除したモノとして存在しているようにも見える。しかし、実際には、もう少し複雑である。たとえば、「介護給付を受けようとする被保険者は、要介護者に該当すること及びその該当する要介護状態区分について、市町村の認定……を受けなければならない」（介保法第19条）という規定は、「給付」の前提としては、「認定を受ける義務」が明示されているものの、しかし、「認定を受ける」か「否」か、ソレ自体は「任意」であり、いわば、「認定を受けないコトができる」という［可能（な状態）］が「オモテ」に露呈していないだけなのである。①［「A」のためには、（「任意」である）「B」をしなければならない］という「義務の構造」と、②［「B」をするコト］自体が「義務」であるという「構造」とは異なるモノなのである。

1・2　［「表現したいコト」と「ことば」］に関する訓練　　29

社会保障関係法の「ことば」——［表現したい「コト」］ ＝［権利］のための「ことば」の「構造」

1・2・Ⅴ

　［表現したい「コト」］が［権利］についての事柄である場合、それを表現するための「ことば」は、端的には、「……する権利を有する」という形となる。「所有権の内容」について、民法では、「所有者は、法令の制限内において、自由にその所有物の使用、収益及び処分をする権利を有する」（206条）というように表現されているし、「地上権の内容」については、「地上権者は、他人の土地において工作物又は竹木を所有するため、その土地を使用する権利を有する」（265条）というように表現されている。それに対して、社会保障関係法では、このような「……する権利を有する」というような端的な表現は見当たらない。しかし、「保険給付を受ける権利は、譲り渡し、担保に供し、又は差し押さえることができない」（健保法61条）や「保護又は就労自立給付金の支給を受ける権利は、譲り渡すことができない」（生活保護法59条）という表現は存在している。注意しなければならないコトは、これらが、①「給付を受ける権利」や「支給を受ける権利」という形で存在し、②「権利として給付を受ける」や「権利として支給を受ける」という形になっていないコトである。すなわち、条文に見られる①の「ことば」は、一塊の名詞のように「給付を受ける権利」とされているのに対して、②にみられる「ことば」は、［「給付を受ける」というコト］の法的性格が「権利として」存在しているという内容を表現するモノとなっているのである。ただし、一塊の名詞のようにみえる「給付を受ける権利」は、構造的にはソレのみで存在しておらず、「被保険者の疾病又は負傷に関しては、次に掲げる療養の給付を行う」（健保法63条）というような「ことば」とセットにされたモノとして存在している。

「コト」と「ヒト」に関する訓練
——[「コト」と「ヒト」についての独自性] と「ことば」——
(テーマの設定と扱う項目)

テーマの設定

　社会保障法の法的独自性については、ソレが対象とする [「コト」と「ヒト」についての独自性] を手掛かりに説明されることが多い。たしかに、歴史的経緯の結果（だけ）を踏まえれば、[「コト」と「ヒト」] については、[「私的なコト」から「社会的なコト」へ] だとか、[「抽象的な市民」から「具体的な生活者」へ]、というようなコトはいえそうである。ただし、ここでは、[「私的なコト」が「社会的なコト」に変容した] ので「そのようなコトなのだ」というような、生じた「結果についての解説」にとどまるコトはせずに、そのような「結果」を支え、強化するような仕組みに光を当てるというコトにチャレンジするコトになる。具体的には、「ことば」を手掛かりとした場合に、「結果」として現象した [「私的なコト」から「社会的なコト」へ] は、どのようなモノとして現れてくるのか？というコトにこだわってみようというコトである。

この章で扱う項目
Ⅰ　[表現したい「対象」] としての [順守すべき（されるべき）「コト」] と「ことば」
Ⅱ　[使用された「ことば」] と [順守すべき（されるべき）「コト」]
Ⅲ　[表現したい「対象」] としての [順守すべき（されるべき）「ヒト」] と「ことば」
Ⅳ　[使用された「ことば」] と [順守すべき（されるべき）「ヒト」]
Ⅴ　[「コト」と「ヒト」についての独自性]
　　——[表現したい「対象」] と [使用された「ことば」]

［表現したい「対象」］としての ［順守すべき（されるべき）「コト」］と「ことば」

　「地形的に一段と高くなっているところ」のコトを表現する場合、例えば、［「yama」という音］や［「山」という文字］が当てられる。「ある状態」と「ことば」との関係は、①「それ以外の状態と差異化されるような、共通してみられる何らかの状態」である「コト」や「モノ」が、「（表現される）対象」として認識され、②ソレについて「ことば」を当てて表現する、というモノである。では、［表現したい「対象」］となるモノが、［順守すべき（されるべき）「コト」］である場合、ソレに対してどのような「ことば」が当てられるコトになっているのか。一般的には、「○○しなければならない」というような「ことば」が当てられるコトになっている。会話であれば、「青信号で渡りなさい」という表現も可能であるが、「（目の前にいない人々を含めた）広く一般に向けられたコト」として表現する場合には、「○○しなければならない」という形になってしまう。この「ことば」の形は、①「ある行為」としての「○○」が、②対象としての「○○するコト」という形にされ、②その「○○するコト」が、「なければならない（＝ナイと、宜しくない）」という形となっている。ただ、実際の法律ではそのような単純な構造ばかりではない。例えば、給付を巡る［順守すべき（されるべき）「コト」］は、①「給付を受けようとする者は、……で定めるところにより……のうち、自己の選定するものから受けるものとする」（健保法第63条3項）とされ、②「保険医療機関において診療に従事する保険医又は保険薬局において調剤に従事する保険薬剤師は、厚生労働省令で定めるところにより、健康保険の診療又は調剤に当たらなければならない」（同法72条）という具合に、巧みな段構えで確保されるコトとなっている。

［使用された「ことば」］と ［順守すべき（されるべき）「コト」］

　健康保険の給付を適正なモノとするために、［使用された「ことば」］と ［順守すべき（されるべき）「コト」］は、どのような関係にあるのだろうか。先ほども述べたが、被保険者が保険給付を受けるためには、「給付を受けようとする者は、……で定めるところにより……のうち、自己の選定するものから受けるものとする」（健保法第63条3項）とされている。この「ものとする」という表現とセットになっているモノが、「保険医療機関において診療に従事する保険医又は保険薬局において調剤に従事する保険薬剤師は、厚生労働省令で定めるところにより、健康保険の診療又は調剤に当たらなければならない」（同法72条）にみられる「なければならない」という表現である。「条文の読み方」という約束事に頼らなくても、「ものとする」と「なければならない」との関係が、現代日本の健康保険の状態から見えてくる。まず、現代日本の健康保険は「自由開業医制」を基本としている。そのことから生じるのは、「無医村」、「無医地区」の存在というコトになる。だからといって、保険者が給付をする義務を免れることはない。ということから、「保険者は、……療養の給付……を行うことが困難であると認めるとき、又は被保険者が保険医療機関等以外の病院、診療所、薬局その他の者から診療、薬剤の支給若しくは手当を受けた場合において、保険者がやむを得ないものと認めるときは、療養の給付等に代えて、療養費を支給することができる」（健保法87条）という「療養費の支給」というものが存在するコトになる。これが「ものとするという（程度の）ことば」が使用された理由である。他方、供給側としての「保険医療機関」等における ［順守すべき（されるべき）「コト」］は、「なければならない」という表現がなされるコトによって確保されるコトになっているのである。

［表現したい「対象」］としての
［順守すべき（されるべき）「ヒト」］と「ことば」

「社会保障関係法」を見た場合、［表現したい「対象」］としての［順守すべき（されるべき）「ヒト」］を表現する「ことば」は、大きく二つに分類される。一つは、「配偶者」・「子」というような、［［ある人」との関係で「人」を見た場合に成り立つ関係についての「ことば」］で、コレらのモノは「社会保障関係法」以外の法律でも使用される表現となっている。もう一つは、「高齢者」というような、ある社会で、共通した範疇にあるとされる人を表現するために創り出された「ことば」で、「人」や「者」とは異なる表現をしている場合である。後者の「ことば」は、「人」が、「対象としてのある範疇」に該当する場合に、そのような状態について、［順守すべき（されるべき）「ヒト」］となるように、「社会保障関係法」において創りだされたモノである。二つに分類される「ヒト」についてのコレらの「ことば」は、［［白」か「黒」か］というような形で存在しているのではなく、たとえば、「高齢配偶者」という表現に見られるように結合させた形でも存在するコトになる。「高齢配偶者」という「ことば」は、［「高齢者」か「配偶者」か］というような二項対立的なモノではなく、「一人の人」についての、［「A」でもあり「B」でもある］という状態についての［「年齢」と「婚姻関係」］による表現であり、二つの属性をもった一人の人についての、一つの複合名詞による表現である。見落としてはならないのは、前者と後者の間に、前者のような位置を占めながらも、「一定の要件」を備えていると認定された結果として、後者のような位置を占めることになる「ヒト」についての「ことば」が存在しているコトについてである。たとえば、健保法第３条の「被扶養者」という「ことば」は、［（認定された）「被扶養」＋「者」］である。

34　　第１部　探査機４号"ことば"突入準備

［使用された「ことば」］と
［順守すべき（されるべき）「ヒト」］

　［使用された「ことば」］と［順守すべき（されるべき）「ヒト」］との関係は複雑である。なぜなら、ある法律で［使用された「ことば」］＝Ａ＝が、一つの指示対象だけと結びつき、その法律の中だけで使用されるモノとはなっていないからである。たしかに、一つの法律の中だけに限定するなら、［順守すべき（されるべき）「ヒト」］は、明確な「記号」として存在するコトになる。しかし、たとえば、使用された［「高齢者」という「ことば」］は、統計で使用されるような「生まれて以降〇〇年経過した人」というコトにとどまらずに、「要介護状態にある人」、「要所得状態にある人」、「患者という状態にある人」、「運転が下手になった人」というコトにもなりうる。そこで、混乱を避けるために、［使用された「ことば」］と［順守すべき（されるべき）「ヒト」］とが、間違いなく結合するような工夫が施され、工夫の結果として、［使用されるコトになる「ことば」］が創り出されるコトになる。たとえば、介護保険法の第７条等にみられる［「要介護状態ということば」と「要介護者ということば」］の組み合わせによる工夫がソレに当たる。ここで意図されたコトは、「小さいときからの障がいによる要介護状態」と「高齢に至った時の要介護状態」とを区別するというコトである。同法では、「定義」として、「この法律において「要介護者」とは、次の各号のいずれかに該当する者をいう」とし、その内容物の一つとして「要介護状態にある六十五歳以上の者」が挙げられている。この「定義」は、介護保険法が「この法律は、加齢に伴って生ずる心身の変化に起因する疾病等により要介護状態となり……国民の共同連帯の理念に基づき介護保険制度を設け……図ることを目的とする。」（第１条）としているコトと密接に結合している。

1・3　「コト」と「ヒト」に関する訓練　　35

［「コト」と「ヒト」についての独自性］
──［表現したい「対象」］と［使用された「ことば」］

　社会保障法の独自性は、ソレが対象としている［「コト」と「ヒト」についての独自性］という具合に説明される。ただし、その独自性については、「人」から「高齢の人」（＝高齢者）へ、というような［「形容詞が付着した名詞」による「語」の置き換え］に終始しており、独自の状態が維持される仕組みについての説明はない。ある状態の創出と維持は、実は、ソレに関係する［「コト」と「ヒト」］をどのように表現するかというコトと密接に関係している。そして、コノ「どのように表現するか」というコトは、ソレについての［表現に使用された「ことば」］と密接に関係している。コノようなプロセスについて、先ず指摘できるコトは、コノ独自性が、［「コト」と「ヒト」］の切断を基盤としているコトである。そして、ソノ構造は、一般性を確保するために抽象的な表現になじむ「対象」についての表現がなされ、ソレと組み合わせた結果としての、独自の「対象」が生産されるというモノである。道筋は、二通りある。一つは、①「コト」を表現し、②その「コト」と「ヒト」を結合させ、③最終的に、一つの「状態」を創り出す、というモノであり、もう一つは、①「ヒト」を表現し、②その「ヒト」と「コト」を結合させ、③最終的に、一つの「状態」を創り出す、というモノである。一般性を確保するためには、［抽象的な表現になじむ「対象」］についての表現が優先されるコトから、前者の道筋が採用されるコトが多い。社会保障関係法に見られる［「コト」と「ヒト」についての独自性］は、例えば、介護保険法に見られるように、①「コト」としての「要介護状態」が、抽象的な形で創出され、②ついで、独自のモノとしての「（加齢による）要介護状態」が「要介護者」として創り出される。

「意味」に関する訓練——[「ことば」と「意味」]の関係を 介して見られる社会保障関係法の独自性—— （テーマの設定と扱う項目）

テーマの設定

　私は言語学の専門家ではないので、「意味」の「意味」は？だとか、「意味」とは何か？というようなところから入るコトはできない。私が気にかけているコトについての表現が、[「意味」という「ことば」]を使用しなくても可能であるならばそうしたいのだが、そういう訳にもいかない。では、何を気にかけているのか。順次挙げれば、①まずは、議論がなされる際によく見られる[「意味」という「ことば」]の使われ方とその「あいまいさ」についてである。そして、②社会保障関係法の条文に見られる「ことば」が、一体、どのようなコトを表現しようとしているのか？というコトを巡っても、そのような「あいまいさ」は、「議論の場」における場合と同じように生じてくるのではないかというコトについてである。さらには、③「社会保障法の独自性」という場合に、注目すべき対象は、結果として生じた「独自性」というモノ自体ではなく、[「独自性」を維持継続させるためのモノとしての「ことば」を巡る何らかのコト]が、その「独自性」と関係しているのではないかという点についてである。

この章で扱う項目
Ⅰ　議論に見られる[「ことば」と「意味」]の関係
Ⅱ　条文に見られる[「ことば」と「意味」]の関係
Ⅲ　社会保障関係法における[「語」と「条文」と「意味」]
Ⅳ　社会保障関係法に見られる[「語の配置」と「意味」]
Ⅴ　社会保障関係法における[「ことば」と「意味」]との関係

1・4　「意味」に関する訓練　　37

議論に見られる ［「ことば」と「意味」］の関係

「佳境に入ったという意味はどういう意味で使われたのか教えてください。」（蓮舫氏発言）（［016／267］193－参－予算委員会－18号　平成29年05月09日……国会会議録検索システム http://kokkai.ndl.go.jp/2018年1月17日アクセス）。

「ですから、佳境に入ったということはどういうことかといえば、まさに相当これは長い間、もう憲法審査会ができてきてから相当の議論が、残念ながら開催頻度は、開催頻度はこれはそれほど多いとは言えないわけでありますが、相当の議論を積み重ねてきた中において、これはいよいよ各党がどういう案をですね、どういう案を実際に憲法審査会に党を代表する案として、そして現実的には三分の二を衆参でそれぞれ得なければいけないわけでありますし、そしてその先に一番大切な国民投票が待っているわけでありますから、そこで結果を出せるものを出していくときを私は迎えていると、こう判断したところでございます。」（内閣総理大臣（当時）安倍晋三氏発言）（同……2018年1月17日アクセス）。

「佳境に入ったというのは、辞書を引きますと、景色の良いところ、それが転じて、小説や物語が面白くなった、興味深くなった。煮詰まったなんて意味は総理の辞書にしかないんじゃないですか。何が面白くなったのか、とてもでないけど、私分かりません。」（蓮舫氏発言）（同……2018年1月17日アクセス）。

＊　　　＊　　　＊

ココに見られる「佳境に入った」を巡って生じたズレは、①［「ことば」と「意味」］は一対一で対応する、というコトを前提として、②「認識する対象となる状態」の相違、③ソレとの関係で生じる、表現のために［選択される「ことば」］の相違、の結果として生じている。

条文に見られる ［「ことば」と「意味」］の関係

1・4・Ⅱ

　社会関係を安定させるためにも、条文に見られる ［「ことば」と「意味」］の関係は、一対一で対応しているコトが望ましい、といえそうである。しかし、ソレを実現させるためには、表現の対象となる「状態や事柄」が無限のありようで存在しているコトから、無限の「ことば」が必要になる。だからといって、「ことばを制限してしまえ！！」としてしまうと、［「ことば」と「意味するコトになる対象」］の関係が、あやふやになってしまう、というコトが生じる。ちょうどよい具合のモノが国語辞典や英英辞典である。印字されている「ことば」について、さらに辞典で調べないとならない状態が発生しないように、そして、ほとんどの人が同様のコトとして理解するコトが生じるように、国語辞典や英英辞典で使用される「ことば」は抽象度が高く、数は限定的である。「多様な意味が発生しないように」という要請に応えるためには、「表現しようとしている対象」を、動的なものとして表現したり、ありようを形容するような表現も避けられなければならなない。ところが、「表現しようとしている対象」は、実際は、刻々と変化しており、また、幅のある様々な様相のモノとして存在している。「たべる」という、動いている状態に対応するために、「対象」を固定化させやすい「名詞化」＝「たべること」＝という操作がなされる。例として「生活保護法」を見てみよう。附則を除外した86カ条の中にあるモノは、ほとんどが（数詞を含んだ）名詞を核とした文章であり、動詞や形容詞はほとんど見られない。一見したところ動詞のような ［「譲り渡す」という「語」］（第59条）は「譲り渡すこと」とされているし、一見したところ形容詞のような「健康で文化的な」（第3条）は、「健康で文化的な生活水準」という具合に、「語」を組み合わせた「（複合）名詞」と化している。

1・4　「意味」に関する訓練　　39

社会保障関係法における
[「語」と「条文」と「意味」]

先ほど見た「名詞化」現象は、「語」を組み合わせた結果としての文章＝条文＝についてもあてはまるコトである。ただし、実際の条文を見てみると、たとえば、「被保険者の疾病又は負傷に関しては、次に掲げる療養の給付を行う」（健保法63条）というように、複数の「語」を組み合わせた文章であり、その姿は、一見したところ、一塊の動詞のような表現方法となっているモノもある。しかし、[この「表現」によって「表現されているコト」] は、[医師による医療行為が、病院で実際に「行為として遂行されている」という状態] ではないし、[医療行為についての「給付という行為が日日継続して遂行されている」という状態] でもなくて、[健康保険という制度においては、保険者は、「被保険者の疾病又は負傷に関しては、次に掲げる療養の給付を行う」というコトになっているというコト] である。すなわち、描かれているコトは、動作として行われる状態についてではなく、義務や約束事としての「行うコト」が表現されているのである。では、「語」と「条文」との関係はどのようになっているのだろうか。先程の「被保険者の疾病又は負傷に関しては、次に掲げる療養の給付を行う」を採りあげてみよう。この条文は、単純化すれば「Aに関してBを行う」という形のモノである。しかし、ソレを構成しているモノは、「被保険者」「疾病」「負傷」「療養」「給付」というような、それぞれが意味を持っている「名詞」の群である。しかし、結果として生じているコトは、個々の [「語」の意味] を無効にさせるような [「文章」の意味] の生成である。このコトは私たちに難問を投げかける。そして、ソレにとどまらない難問が、「約束事を書いた条文の存在」と「約束事が実際に履行されるというコト」が別の事柄として存在している、というコトとして存在する。

社会保障関係法に見られる ［「語の配置」と「意味」］

1・4・Ⅳ

　「被害者の女性の夫」という表現はニュースでよく見られる。やり過ごすこともできるのだが、どうしても「女性の夫」に引っかかってしまう。引っかかってしまうというコトは、自然の性（というモノ）を表す（とされている）「女性」という表記が、社会的位置関係におけるその人の性（というモノ）を表す（とされている）「夫」と組み合わされて使用された場合に生じる。それにしても、なぜ、［「被害者の女性」の夫］というような、「このように読むべきだ」というコトに行きつくのか。つい最近、私のとても尊敬している教授から「昨日、複数の夫の友人たちと食事をしました」という携帯メールをもらった。「楽しかったのだろうな」といった感覚は、その直後に、「複数の夫？」となってしまった。すぐさま「原稿のヒントありがとう」と電話をかけた。なぜ携帯メールで返信しなかったかと言うと、表現するには、とても複雑なコトになってしまうからである。電話口での「ひょっとして、そうかも……」という返事で笑った。［「複数の夫」の友人］ではなく、意味されようとした［夫の「複数の友人」］や［複数の「夫の友人」］というような「適正なコト」を、いかにして思いつくのであろうか。ここにあるのは、「表現したいコト」、「表現の方法」、「表現された表現」、「読む側の……」などである。面倒なのは「読む側の……」で、……の部分には「規範意識」、「期待」、「思いこみ」等が入ってくる。帰属関係を表す「の」と、「一塊の対象の状態」を創り出す「の」連続的使用は、社会保障関係法においても、もちろん避けなければならない。「要介護状態等の軽減又は悪化の防止に資するよう……」（介保法第2条第2項）というような、「の」を連続させた表現はまれである。［要介護状態等の「軽減又は悪化」の防止］というような組み合わせをしないように！！

社会保障関係法における [「ことば」と「意味」] との関係

1・4・V

　現実の具体的な社会保障関係法を手掛かりに、任意性の排除や社会的責任の強調という状態を捉え、「意思」や「責任」のそのようなありようを抽象化することによって、社会保障法の法的独自性は説明されることになる。しかし、そのように説明される社会保障法の独自性は、結果として生じたコトについての一つの説明にすぎない。そのような独自性を生み出し、維持し支えているモノを具体的なモノとして提示するコトは可能なのであろうか。たとえば、[「意思」のありよう] について、ソレを私たちが具体的なモノとして手に入れるコトができるのは、[「意思」のありよう] についての何らかの具体的な表現である。「ことば」を使用して表現する場合、使用される文章の形としては、多くは、「……ものとする」（生活保護法第31条など）、「……しなければならない」（同条など）というような表現である。実際、社会保障関係法では、そのような文章が多用され、「……ことができる」（生活保護法第7条など）という表現は限定的である。しかし、これだけでは、上の「問い」に十分に応えたコトにはならない。上の「問い」に応えるためには、独自性の存在を、[「ことば」と「意味」との関係のありよう] の中から探り当てるコトも求められる。そのためには、具体的な社会保障関係法が、一つの価値の体系を具体化するモノとして存在しており、その価値の体系を表現するパーツとして、「語」「句」「文章」、そして、それらの「配置」がそのような役割を担っているコトに注目しなければならない。生活保護法第1条にみられる [「法律」「日本国憲法」「理念」「生活」「困窮」「国民」「保護」「最低限度」「自立」「助長」「目的」] という、それぞれが「意味」を有している [個々の「語」] は、生活保護法第1条 [全体の意味] の中に回収されるコトになる。

「時間」に関する訓練——「時間」の経過と「ことば」——（テーマの設定と扱う項目）

テーマの設定

　「ことば」によって表現されることになる「対象」は常に変化している。ソレに対応するために、「ことば」はソレ自体として変化することになるし、その使用方法も変化する。他方、ある一時点で使用された「ことば」は、その集団の置かれている社会的状況との関係において、一定の共通した意味を保有するモノとしても存在する。「ことば」についての、これらの二つの事柄が同時に存在しているというコトは事実である。このコトを社会保障関係法に関係させるとすれば、なさなければならないコトは、刻々と変容する社会の中での社会保障関係法の改廃について、「ことば」という点での切り口を設定し、何らかの規則らしきコトを見つけ出す作業であろう。通常、法改正と呼ばれている出来事は、表面上は、それまで使用されていた「ことば」が、異なる「ことば」に置き換えられるという手続きを経ている。注意しなければならないコトは、法改正をせずにしのいでいるという状態が、「ことば」の「意味」の変容がなされた結果として実現するコトについてである。このようなコトに耐えられなくなると、[取り換えられる「ことば」] が選ばれるコトとなる。

この章で扱う項目

Ⅰ　社会保障関係法における [「ことば」の「意味」] の変容
Ⅱ　[生き残る「ことば」] と [取り換えられる「ことば」]
Ⅲ　社会保障関係法における [新しい「ことば」] の誕生
Ⅳ　[「ことば」の取り換え] からわかること
Ⅴ　「時間」の経過と [社会保障関係法の「ことば」]

社会保障関係法における
[「ことば」の「意味」]の変容

1・5・I

　社会保障関係法における［「ことば」の「意味」］の変容は、典型的には「概念」の部分の変容で見るコトができる。例えば、精神保健及び精神障害者福祉に関する法律（昭25年法律第123号）における「精神障害者」（という「ことば」）は、制定当初（＝精神衛生法）では、「精神病者、精神薄弱者、精神病質者」（第3条）とされていたが、今日では、「この法律で「精神障害者」とは、統合失調症、精神作用物質による急性中毒又はその依存症、知的障害、精神病質その他の精神疾患を有する者をいう」（第5条）というモノがソレに当たる。さらには、身体障害者福祉法の「別表」にある「身体障害者」ついても経年的にソノ内容が変化しているコトから、類似したコトが見てとれる。このようなコトについては、私たちは、法改正という手続きというコトで理解しているが、表現を変えると、これらは、［同一の「（ある）ことば」のまま、意味しようとする対象を変化させる］というコトになる。同一の「音」、同一の「表記」でありながら、ソレが指し示す対象が変化している。もう少しだけこだわった表現にするなら、たとえば、「身体障害者」という「音」や「文字」で、多くの人たちが「何となくあのようなモノだろう」と気にかけないですんでいたようなコトについて、「気にかけなければならない重要なコト」という具合になってきたトキに、それまで「静」で済まされていた「何か」が表に現れる。ソノようなコトの多くについては、日頃、何も感じられずに済まされているコトが多いが、何らかの拍子に「気にかけなければならない重要なコト」という具合（＝意味）になり、場合によっては、［「ことば」の「意味」の変容］という形で具体的にたちあらわれるコトになる。ソノような点で、［「ことば」の「意味」の変容］は、「概念」の変容にとどまらない現象としてある。

［生き残る「ことば」］と［取り換えられる「ことば」］

1922年（大正11年）に制定された「健康保険法」は、2018年においても同じ名称で存在している。とはいっても、数えきれないくらいの法改正を経ている。しかし、制定当初から今日に至るまで、「保険者」や「被保険者」という「ことば」は、そのままの「音」、「文字」で生き残っている。他方で、表現しようとする対象が同様のモノであっても、ソレのことを表現するための「ことば」が取りかえられたモノもある。例えば、「特定療養費」という「ことば」は、1984年から2006年まで存在していたが、それ以降は、主に「保険外併用療養費」という「ことば」がソレに対応する「ことば」となっている。この両者のコントラストは、前者（＝特定療養費）が、よほどの専門家でなくては「音」や「文字」からだけでは内容物を想像しにくいモノであるのに対して、後者は、「保険」、「外」、「併用」、「療養費」という具合に、部分を構成している「ことば」の組み合わせが、「保険外併用療養費」という全体を表現する役割を担っている点にみられる。ソレと対比するなら、［「特定療養費」という「ことば」］は、「固有名詞的なモノ」であったといえる。すなわち、「何らかの実態」（＝ここでは給付）について、理解するというよりは覚える対象というようなモノであり、まさに、「恣意性」が威力を発揮した結果といえる。ここで重要なコトは、ある特定の場面のみにおいて「恣意性」が威力を発揮するコトになると早合点しないコトである。すなわち、①「ある対象」のコトを「ことば」で表現するというコトは、②それより以前の時点で、何らかの共通した質を有している［「表現しなければならない対象」が存在しているコトに気づく］という出来事があったというコトの結果である。それらの、それぞれの段階で「恣意性」は存在している。

1・5　「時間」に関する訓練　45

社会保障関係法における ［新しい「ことば」］ の誕生

　「国民年金」における「第三号被保険者」は、昭和60年の年金関係の大改革で生まれた。極端な言い方をすれば、［「第三号被保険者」という「ことば」］は、「第三号被保険者」という「ことば」でなくて、「ミカン」でも「ラーメン」でもよかったのであるが、「ミカン」や「ラーメン」という表現には、既に、ソレによって意味されるモノが存在していた（残念）。［新しい「ことば」］が担う重要な役割は、その「ことば」によって表現されるコトになる対象が、表現しようと意図している対象となるようにするコトである。では、［新しい「ことば」］として「第三号被保険者」ではなく、「第二号被保険者の配偶者であつて主として第二号被保険者の収入により生計を維持するもの（第二号被保険者である者を除く。以下「被扶養配偶者」という。）のうち二十歳以上六十歳未満のもの」としてみたらどうだろう。コレでもよかったのだろうが、コレはどちらかというと「表現したい対象」のママである。しかし、先ほども述べたように「表現したい対象」にどのような「ことば」を当てるかは恣意的である。「第三号被保険者」という「ことば」はそのような存在である。それ以上に大切なコトは、「第二号被保険者の配偶者であつて主として第二号被保険者の収入により生計を維持するもの（第二号被保険者である者を除く。以下「被扶養配偶者」という。）のうち二十歳以上六十歳未満のもの」を、質的なモノをもったモノとして、「一つの塊として」表現しなければならなくなった、という出来事が発生したというコトに気づくことである。さらには、今述べたようなコト以外の質的な一つの塊を表現しなければならないコトがあったかもしれないにもかかわらず、ソレには気がつかれなかった（＝他の「ことば」が創出されなかった）というコトが存在しているコトに気づかなければならない。

46　　第1部　探査機4号“ことば”突入準備

［「ことば」の取り換え］からわかること

　Ａさんたちにとっての「表現したい対象」がある。ソレをＡさんたちは「甲」（という「ことば」）で表示した。ところが、Ｂさんたちにとっては、その「甲」は、何か異なるコトを表現するモノであるかのように感じられた。このようなコトは、法案段階での議論や法改正を巡っての議論で頻繁に生じるコトである。鍵を握っているのは、①Ａさんたちとｂさんたちとで「表現したい対象」が同一であるにもかかわらず、そのコトを表現する「ことば」が異なっていたのか、②ＡさんたちとＢさんたちの「表現したい対象」が、そもそも異なっていたのか、というコトである。①の場合は「ことば」を取り換えるだけで問題は解決しそうである。たとえば、國民體力管理法案から國民體力法（昭和15年・法律105号）への修正についての説明にみられる「本來管理ノ言葉ハ殆ド物ニ冠セラレタモノデアル、體力管理ト言ヘバ體力ヲ唯物視スルモノデアル」（子爵野村益三氏（当時）発言）（『官報號外　第七十五回帝國議會　貴族院議事速記録第二十一號』國民體力管理法案　第一讀會　昭和15年3月16日235ページ）というようなモノがソレに当たる。しかし、「ことば」を取り換えるだけで解決したように見える出来事であっても、じつは、事柄の本質は根が深い。なぜなら、Ａさんたちの「表現したい対象」と、Ｂさんたちの「表現したい対象」が異なっていたとしても、それらが同一の「ことば」で表現されるコトもありうるからである。すなわち、①の場合であっても、②の場合であっても、事柄の本質は、［「表現したい対象」と「ことば」との関係］という同じところにあるのである。知っておくべきコトは、「ことば」というモノが、記号として同じコトを意味するようなモノであると同時に、常に、相互の関係を変化させるようなモノでもあるというコトについてである。

「時間」の経過と［社会保障関係法の「ことば」］

　社会保障関係の法律はものすごい数の「ことば」によって成り立っている。それらの「ことば」は、それぞれが「何らかの対象」を表現するモノとして使用されている。ところが、表現されるコトになる対象が刻々と変化しているコトから、「ことば」は微妙な立場に立たされるコトとなる。［「ことば」というモノ］は、この人の発した「ことば」はこのようなコトなのだろうというコト（ようなコト）に、私を、させてしまう（＝私はなってしまう）。しかし、そのようにさせてしまう［「ことば」というモノ］は、同時に、刻々と変化している対象とする事態にも対応する。このようなコトを、社会保障関係の法律に関係させていうならば、「ことば」は、法的安定性の確保という要請に関係しているし、同時に、社会の変容という事態にも関係している、というコトになる。［「ことば」というモノ］のそのような性格は、条文の中で使用されている「ことば」の役割や法解釈と深くかかわるコトとなる。さらには、そのコトとの関係で法的紛争状態にもかかわるコトとなる。「連帯」という「ことば」は、音として「renntai」という同じモノであっても、そして、インクのシミとして同じであっても、表現される対象が異なるという現象は多発する。昭和の13年頃以降に盛んに使用された［「連帯」という「ことば」］は、社会保障の財政問題に関わって、近年多用されている。存在している様々な実態のコトを一つの「ことば」で表現する、というコトになったら、実態が有している様々な状態を無視して、「ある条件を備えたモノ」は［「山」という「ことば」］で表現されるコトとなる。これがまた厄介なコトを生み出すコトになる。法律の条文の中の「概念」という箇所で厄介なコトに対応しようとするし、「施行令」、「施行規則」、「指針」で何とか凌いでいるのである。

［探査機４号 “ことば” 突入準備］のための補足テーマ
——「探査」のための実践訓練

「外国語」による「制度の説明」

　［「日本語」から「英語」に］［「フランス語」から「日本語」に］固有
名詞は翻訳不可能？なんてことについて改めて考えてみよう。「早稲田
大学」は（＝）「アーリー・ライス・フィールド・ユニバーシティ」で
はない。なぜか？なぜか？は別として、社会保障の国際比較をしている
とこのようなことによくぶつかる。MAPAD（Maisons d'accueil pour per-
sonnes âgées d'ependants）を例にとってみよう。［「フランス語」から「日
本語」に］ということだ。MAPAD はフランスにおける高齢者のための
社会的施設である。日本語に翻訳しづらいので、MAPAD とされてしま
うこともある。もう少し普通名詞化するとしたら、MAPAD は、「かつ
ての老人ホームとロジュマン・フォワイエの中間的なものとして位置づ
けられている。障害や行動上の悩みを有する高齢者に対応するもので、
80 年代に増加している。治療セクションを併用するものもあるが、医
療施設ではなく、長期入院施設と区別しにくいという批判もある」とな
るだろう（ところで、ロジュマン・フォワイエって何？）。決して十分な概念
化とはいえないが、１つの社会的施設についての「概念」化でも重労働
である。ここで、大切なコトは、［「概念」という「ことば」］を使用し
たことである。固有名詞的存在を離れて、多くの人々が、なんとなく、
同一の対象物を想像するコトになるのである。この社会的施設を日本に
おける高齢者のための社会的施設と比較しようとするならば、日本の
「何」と比較すればよいのだろうか。日本には，この「概念」にきっち
りとあてはまるものは少ないのだが、私たちは、日本とフランスの高齢
者施設を比べて発言をくりかえしている。

「条文の存在」と「法意識」

　ある日「督促状」が届いた。その時の気持ちはそれぞれである。罪悪感となるコトもある。この場合には、重なってくると、「心気症」になってしまうかも知れない。20年以上も前に、東京で実際に発生した母子の餓死事例に関連して、残されていた「日記（日常の記録）」を読んでみると、家賃や年金についての「無事、引き落としができますように」という記述が度重なって出てくる。たぶん、「苦しいけれども納めなければならない」「落ち度があってはならない」という義務と責任の意識が強かったのだろう、ということが伝わってくる。しかし、先程述べたように、「督促状」が届いた時の気持ちはそれぞれである。「知らぬが仏」なのか、「むかつく」のか、あるいは、「知っている、その人だけの罪悪感」（久塚作）なのか。確かに、「条文の存在」という共通した状態は造られている。そうすれば、「督促状」が届いたAさんとBさんの間で気持ちの差異が生じるのはどのようなコトからなのであろうか。具体的にいうなら、（甲）特別徴収という方法で、年金の給付時に介護保険の保険料が徴収されている人々と、（乙）納付書で納める人々との間で、保険料の納付についての感覚や義務感は異なるコトになるであろう。ココでは、「そうであってはいけない」等と言うつもりはない。「納付しなければならない」（国民年金法第88条第1項）という「ことば」、さらには、「世帯主は、その世帯に属する被保険者の保険料を連帯して納付する義務を負う（同条第2項）という「ことば」は国の法律の中に存在している。ところが、「ことば」というモノは、友達との会話で生じるコトのように、聞く側の「枠組み」次第で、「意味」のない、単なる「音」や「インクのシミ」になるコトさえある。もちろん、裁判などの際には、「そのように感じなかった」という主張は、採用されないのであるが、しかし、「そのように感じなかった」というコトは生じているのである。

第2部

探査機4号 "ことば" 最初のワールドへ
—— [「社会保障関係法の生産工程」と「ことば」]——

第2部の全体像

探査機4号 "ことば" 最初のワールドへ
――[「社会保障関係法の生産工程」と「ことば」]――

探査機4号 "ことば" での「探査」のための実践訓練を終え、いよいよ、私たちは最初のワールド「社会保障関係法の生産工程」を訪問することになる。

「社会保障関係法の生産工程」のワールドで何が待ち受けているのか。ワールドに接近するに従って見えてきたモノは、時代順に配置された複数のセクションである。よくみると、それぞれのセクションには「表現したいコト」が丁寧に置かれており、その隣には、「音」「文字」「語」「文」「文章」が山ほど積まれている。それどころか、「配置」、「意味」、「社会状況」、「将来像」というコーナー、さらには、「どうしよう？？？」というコーナーまで用意されている。

最初のセクション「初期的な生産工程」に近づくにつれて、探査機4号 "ことば" の乗組員たちは、「花柳病」という初めて見た「語」に驚いた。というより、口々に、あの「語」が意味している中身は？なんて呟いている。そして、驚いたことに、そのセクションにあるモノには「公衆衛生分室」からの借用物なんて書かれてある。右側に目を配ると第二のセクション「戦時の生産工程」が見える。乗組員たちが気にかけたのは、「語」というより、「管理ノ言葉ハ殆ド物ニ冠セラレタモノデアル、體力管理ト言ヘバ體力ヲ唯物視スルノモノデアル」というような「體力」や「管理」というような複数の「語」の組み合わせ方であった。さらに、右側に目を配ると第三のセクション「戦後間もなくの生産工程」が見える。乗組員たちが気にかけたのは、第三のセクションが兎に角バタバタしているコトであった。「ことば」は山ほどあるのだが、モヤモヤした自分たちの気持ちが先行していて、一体何を表現したいのか自体が自分たちでもわかっていないようであるし、どのように表現するべきなのかなんてずいぶん先のコトのようである。いってしまえば、

どのような「ことば」を当てるかというよりはるか以前の状態のようである。そして、さらに右側に目を配ると第四のセクション「国民皆保険・国民皆年金の時期の生産工程」が見える。そこには「社会保険」と書かれた大きな看板があり、その近くでは「保険料」、「保険給付」、「税」という「ことば」が右往左往させられて、定位置が見つからないような状態である。とはいっても、ココまでくれば、殆どの「ことば」は乗組員たちの知っているモノであった。乗組員たちは「こうやって全体を眺めると、全体的な流れが見えるような気がしますね」なんて言っている。隊員たちが驚いたのは、そのセクションと同じところに、第五のセクション「見直しの時期の生産工程」が見えたコトである。よくみると、第四のセクションと第五のセクションは、くっついていたり、離れたりしているようで、まるで手品のように両者が見え隠れしている。賞味期限が切れかけている食品を過熱するような、そのようなさばき方で、この「ことば」を使えば「どうせ、気がつかないよ」なんて「ことば」が聞こえてきそうである。乗組員たちは、ワクワクしながら、「いよいよですね」「それぞれのセクションの特徴を捉えて、「ことば」を手掛かりに全体をまとめよう！！」なんて口走っている。

第２部の具体的な構成
第１章　初期的な生産工程と「ことば」
第２章　戦時の生産工程と「ことば」
第３章　戦後間もなくの生産工程と「ことば」
第４章　国民皆保険・国民皆年金の時期の生産工程と「ことば」
第５章　見直しの時期の生産工程と「ことば」

初期的な生産工程と「ことば」
──（テーマの設定と扱う項目）

テーマの設定

　初期的な生産工程は、扱われる時代が最も古いという意味でのスタート部分であると同時に、「何」について、どのような「ことば」を使用するのかというコトについてのスタート部分でもある。コノ時期の悩みは、表現の「対象」となるのは「何」なのかというコトそれ自体であり、さらには、そのコトについてどのような「ことば」を当てるかであった。ココで選択された諸々の結果は、ソノようなコトが「わかりやすい形」で表出しているモノであるが、だからといって、コノ時期の諸々の事柄が、すべてそのようなモノであったというわけではない。大切なコトは、初期的な生産工程において、［表現したい「コト」］自体がどのように模索されたかを探るコトであるし、ソレを表現するために、初期的な生産工程で、［「ことば」というモノ］がどのような役割を果たしたのかを知るコトである。

この章で扱う項目

Ⅰ　初期的な生産工程と「ことば」──［表現したい「コト」］の「模索」
Ⅱ　初期的な生産工程と「ことば」
　　──［表現したい「コト」］と［「ことば」の模索］
Ⅲ　初期的な生産工程と「ことば」
　　──［表現したい「コト」］と［使用された「ことば」］
Ⅳ　初期的な生産工程と「ことば」
　　──［表現したい「コト」］と［使用されなかった「ことば」］
Ⅴ　初期的な生産工程と「ことば」──［使用された「ことば」］の「浸透」

2・1　初期的な生産工程と「ことば」　　55

初期的な生産工程と「ことば」
──［表現したい「コト」］の「模索」

　出来上がったモノを把握するコトはそれほど困難なコトではない。困難なコトは、［表現したい「コト」自体がどのようなコトなのか］についての「模索」がどのようになされていたかをつかむコトである。なぜなら、今日の私たちの認識によって、今日の私たちが当然のように感じているコトがあるとしても、初期的な生産工程においては、今日の私たちとは異なるような事柄として認識されていたかもしれないからである。もう少しくどい表現をするならば、「Ａと認識される出来事」は、常に「Ａと認識される出来事」であるのかというコトが問われるコトとなる。例を挙げてみよう。「何らかの状態にある人」がいたとしよう。そのコトについて、「財産上の保護が必要な状態にあるコトが生じている人の存在」という具合に社会が捉えるか、「社会に問題を及ぼすコトを生じさせる人の存在」と捉えるかは、このようなコトに当たる。この時点で生じているコトは、［表現したい「コト」］自体の「模索」というコトになる。例えば、精神病者監護法（明治33年・法律38號）の法案提出時の「本案ヲ提出シマスル所以ハ理由書ニ審ニゴザイマシテ御承知ト存ジマスルガ一言唯申上ゲマスガ精神病ニ附イテ社會ニ患害ヲ流シマスルノハ實ニ意想外ニ大ナルモノデアリマス、民法上ニ於テ規定ハアリマスルケレドモ是ハ民法ニ規定スル所ハ重ニ財産上ノ保護デゴザイマシテ此精神病者ト云フモノニ附イテ社會ニ障害ヲ及ス如キニ附イテノデゴザイマセヌ、依ッテ此法律ヲ制定シテ右等ノ者ヲ能ク保護シテ遂ニ社會ニ流ス患害ヲナキヤウニ致シタイト云フ目的デアリマス」（政府委員　松平正直氏（当時）発言）（『第十三囘帝國議會　貴族院議事速記録第十三號』　明治32年1月19日　精神病者監護法案　第一讀會162ページ）というような説明がそのコトを示している。

初期的な生産工程と「ことば」
──［表現したい「コト」］と［「ことば」の模索］

　［表現したい「コト」］がぼんやりと固まったとしても、ソレをどのように表現するかが次に待ち受けている。すなわち、［「ことば」の模索］がなされるコトになる。たとえば、「働いている人たちの傷病に関しての社会保険制度」を作ろうという具合に考えたとしても、それと同時に必要なコトは、「働いている人たちの傷病」というモノを一体「どのような事柄」として描くのか？というコトについての［「ことば」の模索］である。立法にあたっての提案理由というモノがソレに当たるが、ココでは、健康保険法（大正11・法律70号）の法案提案理由に見られる「語」と「文章」を手掛かりにしてみよう。「不斷カラ斯様ナ場合ニ備ヘル為ニ、他日ノ計ヲ考慮セシメテ置ケバ宜シイト云ヤウナ譯デアリマスケドモ、彼等ノ知識道徳ノ程度ガ低イ事デゴザイマスシ、為ニ、遠キヲ慮ッテ將來ノ計ヲ為スト云フ念慮ニ乏シイノデゴザイマスシ、又往々之ヲ為シタイト思ヒマシテモ其餘裕ガゴザイマセヌシ、又往々之ヲ為シタイト思ヒマシテモ其餘裕ガゴザイマセヌ……（中略）……容易ニ其目的ヲ達スルト云フ事ハ甚ダ困難ナコトト思フノデアリマス、サレバ強制ノ手段ニ依テ彼等ガ平素取得イタシマス所ノ収入ノ一部分ヲ割イテ、之ヲ貯蓄シ以テ將來生計ノ基礎ヲ鞏固ニセシムルト云フコトハ、人道上カラ申シマシテモ亦經濟上カラ申シマシテモ」（政府委員　四條隆英氏（当時）発言）（『第四十五回帝國議會　貴族院健康保険法案特別委員會議事速記録第一號』大正11年3月20日1ページ）にみられる「彼等ノ知識道徳ノ程度ガ低イ」と「其餘裕ガゴザイマセヌ」の間に［「ことば」の模索］を見るコトができるし、「人道上」と「經濟上」の間で［「ことば」の模索］を見るコトができる。

初期的な生産工程と「ことば」
――［表現したい「コト」］と［使用された「ことば」］

　［表現したい「コト」］が定まり、ソレについての［「ことば」の模索］があり、紆余曲折の結果として、［何らかの「ことば」］が使用されるコトとなる。この［使用された「ことば」］は、①その場面で創造されたモノというコトもあるが、通常は、②それ以前から使用されていた「ことば」であり、そのようなモノによってでも［表現したい「コト」］を適切に表現できるモノと判断された結果である。いずれの場合であっても問題は噴出する。前者においては、［表現したい「コト」］と［使用された「ことば」］との関係の定着に時間がかかるということであり、後者の場合は、使用された「ことば」が、それ以前から使用されていたというコトによって生じる［表現したい「コト」］の移行である。救護法（昭和4年・法律39號）を利用して［表現したい「コト」］と［使用された「ことば」］との関係をみるなら、法案提出の説明にみられる「就中貧困ニシテ生活能力ナク、而モ扶養者ナキ、老者、幼者、病者等ニ對シテ保護ノ方法ヲ講ズルガ如キコト」（政府委員　秋田清氏（当時）発言）（『第五十六回帝國議會　貴族院議事速記録第三十號』　昭和4年3月19日　救護法案第一讀會915～916ページ）が［表現したい「コト」］に該当するモノである。ソレに関して、法律の中で具体的に［使用された「ことば」］は、①「左ニ掲グル者貧困ノ爲生活スルコト能ハザルトキハ本法ニ依リ之ヲ救護ス」であり、②「六十五歳以上ノ老衰者」、「十三歳以下ノ幼者」、「妊産婦」、「不具、廢疾、疾病、傷痍其ノ他精神又ハ身體ノ障碍ニ因リ勞務ヲ行フニ故障アル者」（第1條）であり、③「扶養義務者扶養ヲ爲スコトヲ得ルトキハ之ヲ救護セズ」、「但シ急迫ノ事情アル場合ニ於テハ此ノ限ニ在ラズ」（第2條）のようなモノである。

初期的な生産工程と「ことば」
——［表現したい「コト」］と［使用されなかった「ことば」］

　［表現したい「コト」］を表現する際に、「ことば」が「模索」されるコトになるが、結果として、［使用されなかった「ことば」］となってしまうモノもある。とりわけ、初期的な生産工程に見られる「分岐点」では、［表現したい「コト」］自体が揺れているコトから、［使用された「ことば」］と［使用されなかった「ことば」］の併存を見ることができる。たとえば、癩豫防ニ關スル法律（明治40年・法律11號）にみられる［「自由」と「公益」という「ことば」］はこのようなモノといえる。［「自由」という「ことば」］を使用した「例ヘバ清正公ノ社ノ近所ノ旅籠屋ニ泊ッテ居ッテ、サウシテ自分デ當リ前ノ食費ヲ拂ヒツヽ毎日清正公ノ殿堂ヘ參詣スル……（中略）……一ツニ向ッテハ信仰ノ自由ヲ害スヤウナコトニナリハシナイカト思フ、今一ツハ旅籠屋ガ繁業ヲ失ヒハシマセヌカ、サウ云フ御客ヲ無理ニ救養所ノ方ニ持ッテ行ッテ、サウシテ費用ハ當人カラ拂ハセルコトニシタラ、旅籠屋ノ繁業ヲ妨ゲ一方ニハ信仰ノ自由ト云フモノヲ妨ゲルヤウナ次第ニナリマセヌカ」（三宅秀氏発言）（『第二十三囘帝國議會　貴族院癩豫防ニ關スル法律案特別委員會議事速記録第一號』　明治40年3月5日　2ページ）という発言に対して、答える側は［「公益」という「ことば」］を使用して「又假ニ多少、清正公ニ信心ヲ致スニモ、遠方ニアラズシテ其場所ニ就イテ拜メバ利クト云フ、斯ウ云フ迷信ヲ持ッテ居ルガ爲ニ、多少之ヲ害スルト致シマシテモ、是ハドウモ公益ノ爲ニ已ムヲ得ナイト思ヒマス」（政府委員　吉原三郎氏（当時）発言）（同前）と答えているが、［表現したい「コト」］との関係で、ココでは［「自由」という「ことば」］は［使用されなかった「ことば」］となっている。

初期的な生産工程と「ことば」
──[使用された「ことば」]の「浸透」

　［表現したい「コト」］と「ことば」が結合し、ソノ［使用された「ことば」］が人々の間での共通したコトとなっていく。[［「予防」という「ことば」]はそのようなモノといえる。「予」と「防」をくっつけた[［「予防」という「ことば」]を具体的に使用したモノとしては、明治10年の「虎列刺病豫防法心得」（内務省達乙第89號）、傳染病豫防法（明治30年・法律36號）、癩豫防ニ關スル法律（明治40年・法律11號）、結核豫防法（大正8年・法律26號）等を挙げるコトができる。たとえば、癩豫防ニ關スル法律の法案説明の「此ノ癩病ト云フモノハ一ノ傳染病デアリマスル所ガ、癩ノ發病ノ經過ナドト云フモノハ「ペスト」トカ或ハ虎列刺トカ云フヤウナ工合ニ猛烈ニ参リマセヌ所カラ、自然ニ人ノ注意ヲ惹クコトガ少ナイ、即チ人ハ之ヲ傳染病トシテ注意イタサヌト云フヤウナコトニナッテ居リマスルガ、随分此病毒ト云フモノハ或ハ接觸、或ハ物品ノ媒介等ニ依ッテ非常ニ傳播ヲスルモノデアルサウデアリマス、ソレデ我國ニハ癩病患者ト云フモノハ随分、都會ノ地トカ、或ハ神社佛閣、或ハ温泉場ト云フヤウナ所ニハ多數徘徊イシタシテ居リマシテ病毒傳播ノ虞モアリマスルノト、又外觀上モ随分厭フベキコトデアリマスルカラ、是等ノ取締ヲスル爲ニ地方數箇所ニ収容所ヲ設ケマシテ」（政府委員
　吉原三郎氏（当時）発言）（『第二十三回帝國議會　貴族院癩豫防ニ關スル法律案特別委員會議事速記録第一號』　明治40年3月5日　1ページ）という使われ方に見るコトができるように、副詞の「あらかじめ」と動詞の「ふせぐ」を組み合わせた「予防」は、名詞と名詞をくっつけた複合語よりはるかに立体的なモノであり、その後の時代に人々の意識の中に、そのようなモノとして浸透してゆくコトになる。

戦時の生産工程と「ことば」
——（テーマの設定と扱う項目）

テーマの設定

　戦時の生産工程と「ことば」との関係は特徴的である。特徴的といったのは、使用された「ことば」という点においてではなく、[「ことば」というモノ]について、あまり気づくことがないコトを気付かせるコトの度合いという点で特徴的であるというコトである。ひょっとしたら、「戦時下は特別な時代で、戦後はそのようなモノではない」と感じるコトがあるかもしれない。しかし、社会による「心身」への関与という点から見れば、「戦時下」と「現代」は近似性を持ったモノとして存在している。「健康を維持する」だとか、「地域で見守りをする」だとかの、「是とされがちなコト」だけが進行すれば、地域は「見守り」をするコトに血道をあげ、ソレが「人々を管理し、監視するコト」に結節しているというコトには無感覚になる。ココでは、戦時の生産工程において[「ことば」というモノ]がどのようなモノであったのかを見るコトになる。

この章で扱う項目
Ⅰ　戦時の生産工程と「ことば」——[表現したい「コト」]の「模索」
Ⅱ　戦時の生産工程と「ことば」
　　——[表現したい「コト」]と[「ことば」の模索]
Ⅲ　戦時の生産工程と「ことば」
　　——[表現したい「コト」]と[使用された「ことば」]
Ⅳ　戦時の生産工程と「ことば」
　　——[表現したい「コト」]と[使用されなかった「ことば」]
Ⅴ　戦時の生産工程と「ことば」——[使用された「ことば」]の「浸透」

戦時の生産工程と「ことば」
——［表現したい「コト」］の「模索」

　戦時の生産工程における［表現したい「コト」］については、他の時期と比べれば、「模索」するまでもない、迷いの少なかったモノといえる。とはいえ、たとえば、女性の居場所についての［「家庭」か「仕事場」か］というように「選択」がせまられるような現象がなかったわけではない。具体的に見れば「更ニ續イテ申上ゲテ置キタイト思ヒマスノハ、厚生大臣モ總理大臣モ、女子ヲ徴用スルコトハ日本家庭ノ破壊ヲスルコトニナルト云フヤウナ工合ニ申サレテ居ルノデアリマス、是ハ私共考ヘマスノニ、トンデモナイ考ヘダト思ヒマス、日本ノ家庭ハ女子ガ仕事場ニ働キニ行ツタガ爲ニ破壊サレルヤウナ、ソンナ弱イ家庭デ戰爭ニ勝テマスカト云フコトニナリマセウ、又世界ヲ相手ニシテ戰爭ニ勝タネバナラヌ今日、家庭ガ大切カ、戰爭ニ勝ツコトガ大切カト云フコトモ考ヘネバナラナイ、此ノ問題ニ付キマシテハ、總理モ厚生大臣モ考ヘ直シテ戴キタイ、サウシテ女子ヲ徴用シナイト云フコトガ女子ガ進ンデ働ク點ニ於キマシテ大キナ影響ニナル、斯ウ云フコトモ全國民ノ精神上ニ及ボス點カラ、大イニ考ヘテ戴カネバナラナイ問題デハナイカ、斯様ニ思ヒマス、御答辨願ヒマス」（山崎（常）委員（当時）発言）（『第八十四回帝国議會　衆議院戰時特殊損害保險法案委員會議録（速記）第十一回』　昭和19年2月3日150ページ）というモノがソレに当たる。しかし、AかBかというような二項の間で生じているように見える［「家庭」か「仕事場」か］という揺れ方は、結局のところ、［表現したい「コト」］としての、「ソンナ弱イ家庭デ戰爭ニ勝テマスカト云フコトニナリマセウ」や「世界ヲ相手ニシテ戰爭ニ勝タネバナラヌ」というようなコトとして、一つにまとめられるようなモノとして存在していたモノといえる。

戦時の生産工程と「ことば」
——［表現したい「コト」］と［「ことば」の模索］

　［表現したい「コト」］が明確な場合であっても［「ことば」の模索］は存在する。なぜなら、①かつてはなかったような［表現したい「コト」］が生まれ、ソレに対応する「ことば」が存在しない、②［表現したい「コト」］は明確に存在するものの、「コト」の下位に複数の重要な要素が含まれている、というようなコトが生じるからである。何らかの事情で、そのようなコトが頻繁に生じるコトさえある。昭和19年の「女性の労働」は、「労働力は必要である」というコトは明確であっても、そのコトの下位に複数の重要な要素が含まれているというようなコトから、［「ことば」の模索］がなされたモノであろう。具体例をあげるなら、「運用ニ特段ノ慎重ナル考慮ヲシテ、日本ノ女性ノ今日ノ姿ニ相歐シイヤウニスルト云フ上ニ於テハ、之ヲ今日ハ徴用シナイ、他ノ方途ニ依ツテ全部ガヤハリ勤勞ニ勵シデ貰フ、而モ其ノ國家的名譽ヲ十分ニ明カニシ、又日本女性トシテノ特性ヲソコンドコマデモ發揮シテ行ツテ貰ヒタイト云フ考ヘカラ、挺身隊ト云フヤウナコトモ考ヘ、或ハ又挺身隊デナクテモ、他ノ方途モ講ゼラレルト云フヤウナコトニ致シテ居ル次第デアリマシテ、女子徴用ハ出來ルノデアル、唯運用ニ於キマシテ慎重ニ考慮致スト云フ意味ニ於テ、今日ノ所マダ徴用ヲシナイデ居リマス」（小泉國務大臣（当時）発言）（『第八十四回帝国議會　衆議院戰時特殊損害保険法案委員會議録（速記）第十一回』 昭和19年2月3日149ページ）に見るコトができるように、［表現したい「コト」］としての「女性の労働」を巡っては、「徴用」、「勤勞」、「挺身隊」というなかでの［「ことば」の模索］がなされている。

戦時の生産工程と「ことば」
——[表現したい「コト」]と[使用された「ことば」]

　昭和9年以降の諸々の「民族優生保護法案」であっても、「國民優生法（昭和15年・法律107號）」であっても、「優生」という「ことば」は使用された。ただし、前者は「民族」「保護」であり、後者は「國民」であった。結論からいえば、[表現したい「コト」]との関係で使用された「ことば」は「優生」であった。では、[使用された「ことば」]としての「優生」によって[表現したい「コト」]となっていたのはどのようなコトであったのか。そのコトを具体的に見るコトができるのは、例えば、「一面ニ於テハ、惡質ナル遺傳性疾患ノ素質ヲ有スル國民ノ増加防遏致シマスルト共ニ、他面ニ於テハ、健全ナル素質ヲ有スル國民ノ増加ヲ圖ランとスルモノデアリマス、元來我國民素質ノ優秀デアリマスルコトハ、光輝アル二千六百年ノ歴史ガ如實ニ之ヲ示ス所デアリマスガ……（中略）……我ガ國民ノ優秀性ヲ保持スルハ固ヨリ、益々是ガ増强ニ努ムルコトハ、今日喫緊ノ要務ト存ズルノデアリマス……（中略）……今我ガ國民ノ先天的素質ニ付キマシテ檢討ヲ加ヘテ見マスルニ、不健全ナル素質、殊ニ惡質ナル遺傳性疾病ノ素質ヲ有スル向ガ、漸次増加スルノ傾向ガ見エルノデアリマス、是等ノ遺傳性惡疾ガ遺傳ヲ致シマシテ、子孫ニ其ノ發病ヲ見マスルコトハ啻ニ患者又ハ患者ヲ有スル家族ノ悲参ナル苦惱トナルノミナラズ、之ヲ國家的ニ見マシテモ、斯ノ如キ惡質ナル素質ガ遺傳シテ往キマスナラバ、將來ノ國家發展ノ上ニ、洵ニ憂慮スベキ事態ガ齎サレルコトニ相成ラウカト存ズル」（國務大臣　吉田茂氏（当時）發言）（『官報號外　第七十五囘帝國議會　衆議院議事速記録第二十五號』　國民優生法案　第一讀會　昭和15年3月13日579ページ）というようなモノである。

戦時の生産工程と「ことば」
——［表現したい「コト」］と［使用されなかった「ことば」］

　昭和 15 年の「國民體力管理法案」が「國民體力法（昭和 15 年・法律 105 號）」へと修正されたコトは、［表現したい「コト」］と［使用されなかった「ことば」］についての一例を提供してくれる。前者において存在した［「管理」という「ことば」］が後者には存在しない。その事情については、たとえば、「御手許ニ差廻シタルガ如キ修正ヲ加ヘタノデアリマス、即チ特別委員會ハ本法案ヲ修正議決致シタノデアリマス、修正ノコトヲ申上ゲマス、修正ハ一ツハ本法案ノ名稱ノ中ニ「國民體力管理法案」トゴザイマスル其ノ中ノ「管理」ノ二文字ヲ削ッタコトデアリマス……（中略）……修正ノ理由ヲ申上ゲマス、只今モ申上ゲマシタヤウニ此ノ法案ノ名稱ノ中ノ「管理」ト云フ二字ハ本法案條文中ノ管理ノ意義ヲ端的ニ現スモノデハナイ、且本來管理ノ言葉ハ殆ド物ニ冠セラレタモノデアル、體力管理ト言ヘバ體力ヲ唯物視スルノモノデアル、殊ニ近頃ノ如ク何デモ彼デモ管理ト云フコトガ、殆ド濫用ト申シテモ宜シイデセウガ、盛ニ物的ニ使用セラレル、サウ云フヤウナ場合ニ本法ノ如キ人的意義、而モ重要ナル人的意義ヲ有スル法案ニ差加ヘルト云フ云フコトハ承服出來ナイ、尚解釋ヲ加ヘテ始メテ正シク解セラレル、解釋ヲ加ヘラレナケレバ兎角ノ議論ヲ生ズルノミカ、色々ノ誤解ヲ生ゼシムルガ如キ言葉ハ此ノ重要ナル法案ニ加フベキモノデナイ、故ニ之ヲ削ルト云フノガ第一ノ修正ノ理由デアリマス」（子爵野村益三氏（当時）発言）（『官報號外　第七十五回帝國議會　貴族院議事速記録第二十一號』　國民體力管理法案　第一讀會　昭和 15 年 3 月 16 日 235 ページ）という発言に見ることができる。

戦時の生産工程と「ことば」
——［使用された「ことば」］の「浸透」

　「(旧) 國民健康保險法 (昭和 13 年・法律 60 號)」、「國民體力法 (昭和 15 年・法律 105 號)」「國民優生法 (昭和 15 年・法律 107 號)」「國民医療法 (昭和 17 年・法律 70 號)」というように、戦時の生産工程において「國民」という「ことば」は多用され「浸透」していった。その使用のされ方の幾つかを具体的に見てみよう。それらは、たとえば、「國民ノ健康ガ國力進展ノ原動力デアリマスコトハ申ス迄モナイコトデアリマシテ、其保持増進ヲ圖ルコトハ極メテ必要デアルト考ヘマス」(國務大臣　河原田稼吉氏 (当時) 発言)(『官報號外　第七十回帝國議會　衆議院議事速記記録第十九號』

　昭和 12 年 3 月 10 日 447 ～ 448 ページ)、「我ガ國ニ於テ今日程國力伸張ノ根本デアル國民體力ノ向上ヲ必要トシテ居ルコトハナイト考ヘラレルノデアリマス」(國務大臣　吉田茂氏 (当時) 発言)(『第七十五回帝國議會貴族院國民體力管理法案特別委員會議事速記録第一號』　昭和 15 年 3 月 2 日 1 ページ)、「一時ノ繁縈デハナクシテ、生ミノ子ノ八十續ニ至ルマデ引續イテ榮エ行クト云フコトガ、日本國民ノ熱望デアリマス、」(曾和委員 (当時) 発言)(『第七十五回帝國議會　衆議院國民優生法案委員會議録録 (速記) 第二回』　昭和 15 年 3 月 14 日 8 ページ)、「大東亞戰爭ノ目的完遂ノ爲ニハ、心身共ニ剛健ニシテ、大東亞共榮圏内ノ如何ナル地域ニモ雄飛シ得ル不撓不屈ナル多數ノ國民ヲ保持スルコトガ、絶對ニ必要デアルト存ズルノデアリマス」(國務大臣　小泉親彦氏 (当時) 発言)(『官報號外　第七十九回帝國議會　貴族院議事速記録第八號』　國民體力法中改正法律案他四件　第一讀會　昭和 17 年 2 月 5 日 125 ～ 126 ページ)というコトになる。

戦後間もなくの生産工程と「ことば」
──（テーマの設定と扱う項目）

テーマの設定

　戦後間もなくの生産工程において重要な役割を果たしたモノは、日本政府とG.H.Q.との文書の往復である。その過程を経て、日本の社会保障は、「無差別平等性の確保」や「国による統一的責任」というような基本的方向性を定めていった。とはいっても、制度づくりの実際の場面では、「何をしたらよいのか」という具合に［表現したい「コト」］の「模索」が続くし、「どのように表現したらよいのか」という具合に［表現したい「コト」］についての［「ことば」の模索］も続いた。ただし、ソノような過程であったからこそ、［「ことば」というモノ］が果たした役割を見るコトができるともいえる。さらには、［「ことば」というモノ］を介しての「社会保障法」把握に接近するコトも可能となる。

この章で扱う項目
Ⅰ　戦後間もなくの生産工程と「ことば」
　　──［表現したい「コト」］の「模索」
Ⅱ　戦後間もなくの生産工程と「ことば」
　　──［表現したい「コト」］と［「ことば」の模索］
Ⅲ　戦後間もなくの生産工程と「ことば」
　　──［表現したい「コト」］と［使用された「ことば」］
Ⅳ　戦後間もなくの生産工程と「ことば」
　　──［表現したい「コト」］と［使用されなかった「ことば」］
Ⅴ　戦後間もなくの生産工程と「ことば」
　　──［使用された「ことば」］の「役割」

戦後間もなくの生産工程と「ことば」
——[表現したい「コト」]の「模索」

　戦後間もなくの生産工程において、「無差別平等性の確保」や「国による統一的責任」というような基本的方向性が示されたとはいえ、「戦争」や「軍人」を社会保障の中でどのように位置づけするかについては、[表現したい「コト」]の「模索」となって現れる。例えば、身体障害者福祉法（昭和24年・法律283号）の法案を巡る議論では、「戦争犠牲者たる旧軍人軍属などに対して、特別の恩典を與えよと説くのではございません。また昭和二十年勅令第五四二号、ポツダム宣言の受諾に伴い発生せられた恩給法の特例を撤廃せよと言うのではないのでございます。何となれば、かかることは連合軍または國民一般が考えているように、戦争再発の温床となり得る公算があるからでございます。しかしながら旧軍人軍属などは多く召集によつて出征したものであり、かつ國のため唯一の生命を捨て、とり返しのつかない災害をこうむつたのであります。公務のために殉じたことについては、戦いの勝敗や平戰両時によつて何ら差異があるはずがないと存じます。これらの人に対しては、すべからく一般の公務災害者と同一の補償を付與すべきであると存じます。われわれ國民には、新憲法によつて平等で最低の生活が保障されているはずであります。しかるに現在の補償によると、はなはだしい矛盾があり、非合理性があり、不平等が現存していて、これら軍人軍属であつたもの、あるいはその遺族は最低の生活さえ脅かされております」（[009／011] 3－衆－厚生委員会－5号　昭和23年11月27日）（山崎（道）委員（当時）発言）（国会会議録検索システム 2016年12月23日アクセス）というように、[表現したい「コト」]の対立という形ではなく、一人の発言者の中での「模索」として見るコトができる。

戦後間もなくの生産工程と「ことば」
——［表現したい「コト」］と［「ことば」の模索］

　［それ以前から使用されていた「ことば」と同じ「音」「文字」］を使用して、ある時点において、以前のモノとは異なる［表現したい「コト」］を表現できるのであろうか？もちろん可能であるが困難なコトは生じる。可能であるといったのは、［表現したい「コト」］についてどのような「ことば」を当てるかは、全く恣意的なコトだからである。とはいっても、このコトは、法律という「場」においては極めて繊細なコトを内包している。このコトには、私たちが社会をどのように捉えるコトになっているのかだとか、私たちが［表現したい「コト」］を表現するコトはどのようになされているのか、というコトとかかわっている。私たちの日常では、ソノようなコトまで考えるコトはあまりないであろうが、議論の中で生じるギクシャクは、コノようなコトと関係している。たとえば、「この児童福祉法案の児童という言葉でございますがこれは立案者の方で何か法的の根拠があつてお使いになつたかということでございます。児童ということは常識的に考えますと、子供と私共はすぐ考えますけれども、この條文の第四條の三項に、小学校の就学の初から満十八歳に達するまでの者という年齢の制限がいたしてございますが、この十八歳までの者を児童という中に入れることが適当かどうか」（［049／056］１－参－厚生委員会－10号　昭和22年08月22日）（宮城タマヨ氏発言）（国会会議録検索システム2016年12月23日アクセス）に見るコトができる［「児童」という「ことば」］についての発言は、［「概念（化）」と「ことば」］というような「単純なはなし」では決してない。

戦後間もなくの生産工程と「ことば」
——[表現したい「コト」] と [使用された「ことば」]

　[「少年」という「ことば」] と [「児童」という「ことば」] を採りあげて、"[「概念（化）」と「ことば」] というような「単純なはなし」では決してない"と先ほど書いたことに続けてみよう。児童福祉法では「この法律で、児童とは、満十八歳に満たない者をいい、児童を左のように分ける」という条文（第4条）が存在する。児童福祉法においては「児童」が上位の概念とされ、その「児童」の中に含まれるモノとして「乳児」「幼児」「少年」という「ことば」が位置している。これは、「果物」と「バナナ」「ミカン」「リンゴ」の関係である。したがって、[「少年」という「ことば」] を巡っては、「この児童福祉法案は児童全般の福祉を増進するために立案された法律であると私は理解しておるのでございますが、その年齢を十八歳までの者というふうに法案では規定されておりますが、同じ年齢の子供が、一つは厚生省關係のこの児童福祉法で保護され、またある一部分の者は司法省關係の少年法によつて處分されるというようなことは、母心として私はどうしても納得しがたいのでございます。私はあくまでも子供に悪人はないと信じております。ですからこの児童福祉法案が出た以上は、一本にして児童を護つてまいりたいと考えておるのでございます。」（[040／056] 1－衆－厚生委員会－16号　昭和22年09月22日）（山崎（道）委員（当時）発言）（国会会議録検索システム2016年12月23日アクセス）というような発言が「単純なコトではないコト」を生じさせるコトになる。この場合、「別の法律なのだから」なんてコトで片付けてもよさそうであるが、[使用された「ことば」] である「少年」（という「ことば」）にこだわるとそうでもなくなる。

70　　第2部　探査機4号 "ことば" 最初のワールドへ

戦後間もなくの生産工程と「ことば」
——[表現したい「コト」]と[使用されなかった「ことば」]

　生活保護法（昭和 25 年・法律 144 号）において、[使用されなかった「ことば」]の一つとして「素行不良な者」があげられる。しかし、戦後間もなくの（旧）生活保護法（昭和 21 年・法律 17 号）の第 2 条は「左の各號に一に該當する者には、この法律による保護は、これをなさない」として「素行不良な者」をあげていた。コレに関しては、「もとの生活保護法の第二條及び第三條におきまして、第二條に特にこの保護をしない場合を規定いたしたのであります。従来は「左の各号の一に該当する者には、この法律による保護は、これをなさない。一能力があるにかかはらず、勤労の意思のない者、勤労を怠る者その他生計の維持に努めない者。二素行不良な者」これらの者につきましては、この法律による保護はしないという規定を設けたのでありますが、こういう積極的に保護をしないという規定を不明確なる内容のものといたしまする結果から、合理的な、保護を必要とします者が保護を受け得ないといつたような実態がある状況にかんがみまして、これらの点をこういう積極的な規定をやめまして、そのかわりにこの法律案におきましては、この法律に定める要件を満たす限り必ず保護を受けることができるという規定をいたしますと同時に……」（[001／001]7－衆－厚生委員会－6 号　昭和 25 年 02 月 16 日）（木村（忠）政府委員（当時）発言）（国会会議録検索システム 2018 年 2 月 27 日アクセス）と説明された。しかし、[「素行不良な者」という「ことば」]が、[使用されなかった「ことば」]となったからといって、[表現したい「コト」]としての「保護を必要としている者は保護を受け得る」というコトが実現したかは疑問である。

戦後間もなくの生産工程と「ことば」
——［使用された「ことば」］の「役割」

　戦後間もなくの生産工程において、方向性を示すモノとしての「役割」を果たしたのは「ことば」であった。たとえば、「新たに生活保護法を制定致しまして、現に生活保護を要する者を廣く網羅致しまして、事由の如何を問はず、差別的又は優先的取扱を排除致しまして、普遍平等の立場に於て保護の實を擧げむとするものであります」（［006／160］90 －貴－本会議－21 号（回）　昭和 21 年 08 月 19 日）（國務大臣河合良成氏（当時）発言）（国会会議録検索システム 2016 年 12 月 26 日アクセス）という発言に見るコトができる「普遍平等」というような「ことば」がソレに当たる。さらには、「かような強制設立、強制加入を建前とする医師会、歯科医師会も戦争中においては一應その機能を果たしたと考えられるのでありますが、終戦後の國内諸情勢の激変或いは民主主義の原則等に照らして考えますときに、この制度をそのまま存続させることは適当でないと考えられますのみならず、他方医師会、歯科医師会の側におきましても、現在の強制設立、強制加入を旨とする團体を解散して、新たに民法に基き任意設立、任意加入を原則とする新生医師会、歯科医師会を設立したいという強い要望があります」（［002／002］1 －参－厚生委員会－13 号　昭和 22 年 09 月 17 日）（國務大臣一松定吉氏（当時）発言）（国会会議録検索システム 2016 年 12 月 23 日アクセス）に見るコトができる「任意」も重要な「役割」を果たすコトになった。しかし、戦後間もなくの生産工程にみられたこれらの「ことば」は、構造的にみるなら、［「差別的又は優先的取扱」から「普遍平等」へ］、さらには、［「強制」から「任意」へ］というモノであり、当時に限らず、今日においても、ソレらは対立軸上の事柄として存在している。

国民皆保険・国民皆年金の時期の生産工程と「ことば」
——(テーマの設定と扱う項目)

テーマの設定

　この時期の生産工程の「ことば」は、1950年の「社会保障制度に関する勧告」と密接に関係している。社会保障制度審議会によるこの勧告が「国民が困窮におちいる原因は種々であるから、国家が国民の生活を保障する方法ももとより多岐であるけれども、それがために国民の自主的責任の観念を害することがあってはならない。その意味においては、社会保障の中心をなすものは自らをしてそれに必要な経費を拠出せしめるところの社会保険制度でなければならない」としたコトは重要である。コレを契機として、ソノ後の社会保障制度は各種の社会保険制度を核として展開を見せはじめたが、勧告での［「拠出」という「ことば」］が、「国民の自主的責任の観念」を背景として使用されているコトは重要である。

この章で扱う項目
Ⅰ　国民皆保険・国民皆年金の時期の生産工程と「ことば」
　　——［表現したい「コト」］の「模索」
Ⅱ　国民皆保険・国民皆年金の時期の生産工程と「ことば」
　　——［表現したい「コト」］と［「ことば」の模索］
Ⅲ　国民皆保険・国民皆年金の時期の生産工程と「ことば」
　　——［表現したい「コト」］と［使用された「ことば」］
Ⅳ　国民皆保険・国民皆年金の時期の生産工程と「ことば」
　　——［表現したい「コト」］と［使用されなかった「ことば」］
Ⅴ　国民皆保険・国民皆年金の時期の生産工程と「ことば」
　　——［使用された「ことば」］の「役割」

国民皆保険・国民皆年金の時期の生産工程と「ことば」
——［表現したい「コト」］の「模索」

　昭和30年代半ばは、一方で、国民皆保険・国民皆年金の時期といえるが、社会福祉が展開した時期でもある。とはいっても、戦後間もなくの「児童福祉法」、「身体障害者福祉法」が、戦後処理との関係で進められたのとは異なり、［表現したい「コト」］の「模索」は生じている。制度化の前提としての社会に関しての認識が「最近におけるわが国の老人の生活の実態を考察いたしますと、老齢人口の著しい増加の傾向、私的扶養の減退、老人を取り巻く環境の急激な変動等によりまして、その生活はきわめて不安定なものとなっており」（［019／036］43－参－社会労働委員会－9号　昭和38年03月12日）（国務大臣　西村英一（当時）発言）（国会会議録検索システム2016年12月12日アクセス）であったとしても、ソレをどのようなコトとして表現するかは、［表現したい「コト」］の「模索」となって表れる。老人福祉法の制定に際しての「高齢者の位置」についての「老人が過去の社会におきましていろいろ現在の社会を築き上げるのに寄与してきた功労者であるということから、やはり敬愛すべきものであるという考え方があり、一面におきまして、どうしても肉体的あるいは精神的に一般的にいえばハンディキャップを持っておるのでございまして、いわば社会的弱者というような点に注目いたしまして、これに対する一つの生活保障というような考え方から何らか適当な措置をはからなければならない、こういう二面の観点からいたしまして」（［017／036］43－衆－社会労働委員会－35号　昭和38年05月29日）（大山（正）政府委員（当時）発言）（国会会議録検索システム2016年12月12日アクセス）のような発言に見られる［「功労者」という「ことば」］と［「社会的弱者」という「ことば」］の関係がソレに当たる。

国民皆保険・国民皆年金の時期の生産工程と「ことば」
——［表現したい「コト」］と［「ことば」の模索］

　［「ことば」の模索］は常になされている。なぜなら、［「ことば」によって表現するコトになる「対象となる事柄」］をどのようなモノとして認識するのかというコトがかかわっているからである。「外側がパンになっているカレー」（カレーの概念化）とするのか、「中にカレーが入っているパン」（パンの概念化）とするのか、という具合にである。［表現したい「コト」］がある程度固まってきたとしても、このような「模索」は常に生じる。たとえば、精神薄弱者福祉法（昭和35年・法律37号）において使用された［「精神薄弱」という「ことば」］は、「精神薄弱者と申しますのは、俗にいう知能の程度の低い人々をさしておるのでございます。それで、それの六十二ページに書いてございまするように、知能欠陥の軽い方から普通魯鈍、痴愚、白痴というふうな三種類に分類をいたしておるのでございます」（［010／019］34 −参−社会労働委員会−8号　昭和35年02月25日）（政府委員　高田正巳氏（当時）発言）（国会会議録検索システム2016年12月13日アクセス）というような脈絡で使用されていたが、その後、「「精神薄弱」という用語につきましては、知的な発達に係る障害の実態を的確にあらわしていない、あるいは精神、人格全般を否定するかのような響きがあり、障害者に対する差別や偏見を助長しかねないといった問題点が指摘されております」（［004／006］142 −参−本会議−30号　平成10年05月27日）（山本正和氏発言）（国会会議録検索システム2016年12月13日アクセス）というような脈絡のもとで、「精神薄弱の用語の整理のための関係法律の一部を改正する法律」（平成10年・法律110号）によって、［「知的障害」という「ことば」］に改められた。

国民皆保険・国民皆年金の時期の生産工程と「ことば」
——[表現したい「コト」] と [使用された「ことば」]

　「国民皆保険・国民皆年金」の時期、医療保険と年金（保険）を巡る議論は、「統合一元化」とするのか、「統合一元化には手をつけず制度分立のママの普遍的な制度」とするのか、というコトに集中したと言ってもよい。当初、「国民皆保険・国民皆年金」についてはそれほど積極的ではなかった政府、与党も、具体的な制度化に向けて動き出したが、まずは、「統合一元化」というよりは、全国民を対象とする（という意味での）「普遍的な制度」を念頭に置いた。その際、[表現したい「コト」] としての「皆保険」の実現というコトについて使用された「ことば」は、全国民を対象とすることについての積極的な意義づけというよりは、「適用から漏れている人々に目を向ける」というようなモノであった。具体的に見るならば、「政府は、この法案の成立によりまして、いまだ医療保険の対象となっておらない約二千万人の国民に一日も早く医療保障を及ぼしたいと念願いたしておるものであります」（［059／098］28－衆－本会議－15号　昭和33年03月14日）（国務大臣堀木鎌三（当時）発言）（国会会議録検索システム2016年12月15日アクセス）や、「皆保険を行いまする場合に、まずこの統合一元化に手をつけるということは適当でないと考えておるのでございます。現在といたしましては、やはり、国民の中で、いかなる社会保険の制度にも浴しておらない者が相当おりますので、まず、その人々のために国民健康保険制度を全国的に実施するということが第一に必要だと思いまして」（［023／098］30－衆－本会議－3号　昭和33年10月01日）（国務大臣　橋本龍伍氏（当時）発言）（国会会議録検索システム2016年12月15日アクセス）というコトになる。

国民皆保険・国民皆年金の時期の生産工程と「ことば」
——［表現したい「コト」］と［使用されなかった「ことば」］

　「国民皆保険・国民皆年金」というと、両者とも、適応対象が全国民であるというように思いがちであるが、当初、「国民皆年金」の掛け声の下で実施されたモノは「任意」性を残していた。［表現したい「コト」］としての「全国民」というコトではあったものの、実際には「任意」性を残し、結果として、［「強制」という「ことば」］は［使用されなかった「ことば」］となった。具体的に見るなら、「その適用対象でありますが、これは二十才から五十九才までの全国民であります。現行公的年金制度の適用者及び受給者は適用除外とし、またその配偶者及び学生につきましては任意加入を認めることといたしました。しかしてこれらの者に対する将来にわたるこの法律の適用関係につきましては、国民年金制度と現行公的年金制度との関連を考慮して引き続き検討することとしたのであります」（［008／010］31－衆－社会労働委員会－8号　昭和34年02月18日）（坂田国務大臣（当時）発言）（国会会議録検索システム2018年3月4日アクセス）という具合である。ココに見るコトができるように、「二十才から五十九才までの全国民」という「ことば」からは想像できない「任意」性が内在しているのである。国民皆年金体制確立の旗印を担った［「全国民」という「ことば」］については、「今回の「国民年金」でありますが「国民」という名に値しない一点は、国民の中の最も大切な「妻」あるいは「主婦」に対して、これを強制適用からはずして、任意加入にしてある一事をもってしても理解ができることであります」（［004／010］31－参－社会労働委員会－26号　昭和34年04月08日）（坂本昭氏発言）（国会会議録検索システム2018年3月4日アクセス）という批判もなされている。

国民皆保険・国民皆年金の時期の生産工程と「ことば」
——［使用された「ことば」］の「役割」

　国民皆保険・国民皆年金の時期の生産工程で、大きな役割を果たしたモノは、［「すべての」という「ことば」］であり、［「皆」という「ことば」］であった。「保険」や「年金」の前に置かれた「皆」は、「国民の皆が保険（に入る）」というような存在でもあるし、「皆の国民の保険」というような存在でもある。前者の「皆」は「名詞（的）」なモノでもあり、「副詞的」なモノでもある。ここでは［「皆」が「入る」］という構造になるのに対して、後者の「皆」は、「の」が介在して「皆の国民」という一つの名詞を作り、［「皆の国民」の所有する保険］というようなモノとして存在する。「国民皆保険・国民皆年金」にある［「皆」という「ことば」］は、ひょっとしたら鍵を握っているかもしれない。もう少し、「国民の皆が年金（に入る）」と「皆の国民の年金」にこだわってみよう。読者の方たちにとって、どちらかが「指示されている」で、どちらかが「私たちのモノ」と感じなかっただろうか。立法する側が、このようなコトを意図して「ことば」を使用したとはいえないだろうが、しかし、「国民皆兵」という言葉についてはどうであろう。ソレが意味するところのモノは「国民の皆が兵隊（に入る）」ではあっても、「皆の国民の兵隊」からは遠い。「国民皆保険」というひとつの「ことば」になったモノが、「国民」「皆」「保険」という「ことば」の組み合わされたモノとしてあり、ソレについての私たちの意味理解は、決して自由なモノではなく、ソレまでなされてきた［「ことば」の使用のされ方の決まり］に従ってなされるコトになる。

見直しの時期の生産工程と「ことば」
——(テーマの設定と扱う項目)

テーマの設定

　国民皆保険・国民皆年金の時期で見たような社会保障の拡大や普遍化という方向性は、その直後、①社会保障を巡る財政問題、②女性の社会進出、③少子高齢化、④国際化、⑤地方分権化等との関係で複雑な様相を帯びて揺らぎ始める。最終的には、「福祉の構造改革」という掛け声とともに、各分野での改革が本格化するコトになる。典型的なモノとしては、[「措置」から「契約へ」]というスローガンのもとでの新しい法律としての「介護保険法」（平9法123）が制定されたコトが挙げられる。創設の背景にあったモノは、①老人医療費増高の問題、②家族機能の変容などによる私的介護力の問題、③措置制度がもっていた問題等である。[「ことば」というモノ]が、この時期にどのようなモノとして存在したのかを見てみよう。

この章で扱う項目

Ⅰ　見直しの時期の生産工程と「ことば」
　　——[表現したい「コト」]の「模索」
Ⅱ　見直しの時期の生産工程と「ことば」
　　——[表現したい「コト」]と[「ことば」の模索]
Ⅲ　見直しの時期の生産工程と「ことば」
　　——[表現したい「コト」]と[使用された「ことば」]
Ⅳ　見直しの時期の生産工程と「ことば」
　　——[表現したい「コト」]と[使用されなかった「ことば」]
Ⅴ　見直しの時期の生産工程と「ことば」
　　——[使用された「ことば」]の「役割」

2・5　見直しの時期の生産工程と「ことば」　79

見直しの時期の生産工程と「ことば」
——［表現したい「コト」］の「模索」

　この時期には「構造改革」という「ことば」は多用された。しかし、ソレによって［表現したい「コト」］が、一体、何であるのかが「模索」されるコトになる。社会保障のソレまでの経緯は、社会保険を核にして、ソコにおける「全国民を対象とする制度」や「格差の是正」を目指していたモノであったが、それらを取り巻く状況としての、①財政問題、②女性の社会進出、③少子高齢化、④国際化、⑤地方分権化等の点での急激な変化が生じた。このようなコトから典型的には、「私の内閣の構造改革が目指しておりますのは、簡素で効率的な質の高い政府の下に、自助と自律の精神で、国民一人一人や企業、地域が持っている大きな潜在力を自由に発揮できる、活力ある民間と個性ある地方が中心となった豊かな経済社会の実現であります……（中略）……医療費自己負担割合については、国民皆保険を将来にわたり堅持していくために、患者、加入者、医療機関といった関係者がひとしく負担を分かち合っていく必要があり、これにより安定的で持続可能な制度を維持していくこと……」（［015／037］156－参－本会議－5号　平成15年02月04日）（内閣総理大臣　小泉純一郎（当時）発言）（国会会議録検索システム2018年3月5日アクセス）に見るコトができるように、同一の人の中で、一方で、「構造改革」が［「自助」「自律」「自由」という「ことば」］とともに語られ、同時に、他方で、［「国民皆保険」「ひとしく負担を分かち合っていく」という「ことば」］が語られるコトが生じている。見直しの時期の生産工程と「ことば」に見るコトができるコトは、［表現したい「コト」］自体が、「模索」されていたというコトである。

見直しの時期の生産工程と「ことば」
——［表現したい「コト」］と［「ことば」の模索］

　2018年3月の時点で「保健師」、「助産師」、「看護師」と称される専門職にあたるモノは、保健婦助産婦看護婦法（昭23年・法203号）制定当初は「保健婦」、「助産婦」、「看護婦」と表現されるモノであった。その間、保健と看護については、「婦」（女性）と「士」（男性）が併存し、助産については「婦」のみの時期があった。その後、すべてを「師」に改正する時点においても、「名称改正法案の趣旨説明で、清水嘉与子議員は改正の目的を二つ挙げておられます。すなわち、一つは保助看法に定める資格の名称が男女で異なっていることを解消すること、そしてもう一つが専門資格をあらわすのに現在の名称は不適当なので専門資格として適当な名称に変えるというものです。助産婦は女性しかいないわけですから、最初の理由、資格の名称が男女で異なっていることを解消することは助産婦については当てはまりません。保健婦と保健士、看護婦と看護士、准看護婦と准看護士といったぐあいに、男女で職業名ないしは資格名が異なるのは男女差別であるという主張だと思います。それで資格名を性別に関係のない、いわゆるジェンダーフリーな一つの名称に変えようというわけです。しかし、男性と女性何でも一緒にするのが男女平等でしょうか。男性と女性何でも一緒にすれば男女平等は前進するのでしょうか。助産婦の仕事ほどではありませんが、看護婦・看護士の仕事も、保健婦・保健士の仕事もケアの提供者が男であるか女であるかがケアの受け手にとっては重大な関心事であると思います」（［022／023］153－参－厚生労働委員会－10号　平成13年11月29日）（参考人　茅島江子氏発言）（国会会議録検索システム2018年3月8日アクセス）というような考え方は根強いモノとして存在していた。

見直しの時期の生産工程と「ことば」
——［表現したい「コト」］と［使用された「ことば」］

　現代社会で、「深刻化した問題を社会全体で支える」というようなコトを表現するためによく使用される［「連帯」という「文字」］、［「rentai」という「音」］は、例えば、「まず、介護保険法案について申し上げます。本案は、本格的な高齢化の進展に伴い介護を要する人の数が急速に増加し、介護問題が深刻化する中、現行の老人福祉及び老人保健制度を再構築し、国民の共同連帯の理念に基づき、社会全体で要介護者の介護を支える新たな仕組みを創設しようとするものであります」（［019／029］140－衆－本会議－37号　平成09年05月22日）（町村信孝氏発言）（国会会議録検索システム2016年12月22日アクセス）というような議論の中で使用される。しかし、［「連帯」という「文字」］、［「rentai」という「音」］は、さかのぼれば、たとえば、「……聖戦第四年に入りて外には東亞新秩序の建設愈々進み内には銃後の護り益々堅し……就中職員健康保険制度の使命は都会生活者の健康の保持増進並び其の生活安定を図るに在り、相互扶助の精神、社会連帯の理論より此の目的を達せんとす、其の意義誠に深し。……」（鈴木武雄『職員健康保険法解説』健康保険協会出版部、1940年、「序」の部分より。旧字体の使用はできるだけ避けるようにした）だとか、「この時代において、基本的な考え方としてあったものは、「社会保険制度に於て保険さるる一団はその保険経済においては全く共通の責任を有し、従って保険集団なる或る限られた社会内に於ては全く共同連帯の責任に於て互いに扶助し合っていることになる。」（鈴木武雄「社会保険と社会連帯」（保険院社会保険局『健康保険時法』第12巻6号、1ページ、昭和13年）というような脈絡で使用されていたモノでもある。

見直しの時期の生産工程と「ことば」
——[表現したい「コト」]と[使用されなかった「ことば」]

　[表現したい「コト」]としての「厚生労働大臣の免許を受けて、保健師の名称を用いて、保健指導に従事することを業とする者」は、今日では「保健師」であるが、そのようになる少し以前は、「女子」については、「保健婦」、「男子」については「保健士」とされており、更に以前は「女子」のみで「保健婦」であった。ソレに対して、「助産師」は「この法律において「助産師」とは、厚生労働大臣の免許を受けて、助産又は妊婦、じょく婦若しくは新生児の保健指導を行うことを業とする女子をいう」とされている。さかのぼれば、保健婦助産婦看護婦法（昭23年・法203号）制定当初から「女子」に限定された「業」であり、「助産婦」から「助産師」へと改正されたが、その間[「助産士」という「ことば」]は存在せず、永らく存在したのは[「助産婦」という「ことば」]であった。言い換えれば、[表現したい「コト」]としての「厚生労働大臣の免許を受けて、助産又は妊婦、じょく婦若しくは新生児の保健指導を行うことを業とする男子をいう」は存在しなかったのである。この間、「それから保健士も誕生いたしました。そういう中で助産士が残ったわけでございますけれども、助産の対象がやはり女性であることに限られているというようなことも考慮すれば、これは一つの合理的な理由があるかと思います。しかし、……（中略）……いつまでもずっと男性に門戸を開かない、助産婦の門戸を開かないということに対して、いろいろな問題が出てくるんじゃないだろうか」（[002／007]153－衆－厚生労働委員会－13号　平成13年12月05日）（清水（嘉）参議院議員（当時）発言）（国会会議録検索システム2018年3月8日アクセス）という発言もあった。

見直しの時期の生産工程と「ことば」
——［使用された「ことば」］の「役割」

　国民皆保険・国民皆年金の時期で見たような社会保障の拡大や普遍化という時期においては、［制度の「拡大や普遍化」］と［「ことば」というモノが有している（普遍化という）質］が一致するようなことから、［使用された「ことば」］は、いわば、「違和感のないモノ」という風に感じられた。しかし、①社会保障を巡る財政問題、②女性の社会進出、③少子高齢化、④国際化、⑤地方分権化等との関係で、見直しの時期では、社会保障の方向性（＝表現される対象）は複雑なモノとなった。その結果、［制度の「拡大や普遍化」］と［「ことば」というモノが有している（普遍化という）質］という重複した関係が失われてしまったコトから、［「ことば」というモノ］は、この時期、一層の特徴を発揮することになる。ソコでみられたコトは、「複雑さ」を超えるための［「ことば」というモノが有している（普遍化という）質］の強化である。ソレにもかかわらず、「複雑さ」は、常に、「（普遍化という）質」に揺さぶりをかける。実際には、［「ことば」というモノを巡るこのようなコト］は常に生じているのであるが、そのようなコトは、場合によっては、人々に感じにくいモノとして存在している。ある時期、「○○のような実態」のコトを［「平等」という「ことば」］で表現していたコトで違和感のなかったような日常が、何らかの拍子に揺さぶられるコトとなる。コノような場合、「△△が入っていないのは平等ではない」という風に表現されるコトになるが、突き詰めてゆけば、ソノような単純な話ではない。ソコに関わっているモノは、（表現される）実態を表現する場合に使用せざるを得ない「○○」や「△△」という［「ことば」というモノ］が持っている質的なコトである。

［探査機４号 “ことば” 最初のワールドへ］のための
補足テーマ——［「社会保障関係法の生産工程」と「ことば」］

［「固有名詞」的なモノ］から［「普通名詞」的なモノ］へ

　ある時点において、ソレ以前には存在しなかった（ような）法律ができるトキ、ソノ内容については、どのような「ことば」で説明されるのであろうか？このような問いかけに対して、「ソレ以前には存在しなかった（ような）法律が鍵を握っているのではないか」と感じた人がひょっとしたらいるかもしれない。まさにソノ通りで、新しい法律が、「ソレ以前には存在しなかった（ような）法律」でなかったとしたら、ソノ内容についての説明は別に困難なコトではない。しかし、「ソレ以前には存在しなかった（ような）法律」を作ろうと意図している場合には、ソレまでに使用されてきた「ことば」での説明は困難なコトとなってしまう。コノような場合、「名詞」であれば、一般的には、［抽象度の高い「ことば」］を使用するコトによって、ソノ内容を説明できるような［「固有名詞」的なモノ］を創り出し、ソレが時間の経過とともに［「普通名詞」的なモノ］となっていく過程をたどるコトとなる。

　比較的最近に導入された「入院時食事療養費」（名詞）という「給付」（健保法第85条等）についてみてみよう。健保法は「被保険者（特定長期入院被保険者を除く。以下この条において同じ。）が、厚生労働省令で定めるところにより、第63条第３項各号に掲げる病院又は診療所のうち自己の選定するものから同条第１項第５号に掲げる療養の給付と併せて受けた食事療養に要した費用について、入院時食事療養費を支給する。」（第85条第１項）としている。しかし、コレだけでは「入院時食事療養費」は、［「固有名詞」的なモノ］であって、ソレが一体どういうものかは分からない。ところが、「入院時食事療養費」の内容は、「入院時食事療養費の額は、当該食事療養につき食事療養に要する平均的な費用の額

［探査機４号 “ことば” 最初のワールドへ］のための補足テーマ　　85

を勘案して厚生労働大臣が定める基準により算定した費用の額（その額が現に当該食事療養に要した費用の額を超えるときは、当該現に食事療養に要した費用の額）から、平均的な家計における食費の状況を勘案して厚生労働大臣が定める額（所得の状況その他の事情をしん酌して厚生労働省令で定める者については、別に定める額。以下「食事療養標準負担額」という。）を控除した額とする。」（同条第2項）というコトから、少しだけ明らかになってくる。「表現したいコト」となっているモノは以下の通りである。①問いかけのはじめに存在しているモノは、「入院した時の食事について、社会保険の対象とするのか？」というコトについてであり、②ソレについては、「在宅で療養している場合等を考慮するならば、基本的には、給付の対象外とする」というコトであり、③「とはいっても、何らかの疾病については、食事の工夫が必要であり、その場合は、食事の療養は投薬と同じような意味を持つコトから、一律にできない」（＝療養の給付と併せて受けた食事療養に要した費用）というコトになり、④「とはいっても、手を加える前の米や野菜、水、電気、ガスなどは、当該疾病とは関係がないコトから、私的に負担してもらう」（＝当該食事療養につき食事療養に要する平均的な費用の額を勘案して厚生労働大臣が定める基準により算定した費用の額……から、平均的な家計における食費の状況を勘案して厚生労働大臣が定める額……を控除した額とする。）というコトになる。

　くりかえしになるが、ココからわかるコトは、＜「名詞」であれば、一般的には、［抽象度の高い「ことば」］を使用してソノ内容を説明できる［「固有名詞」的なモノ］を創り出し、それが時間の経過とともに［「普通名詞」的なモノ］となっていく過程をたどるコトとなる＞というコトである。

第3部

相互作用のワールド
——[「ことば」の変化]]・[「意味」の変化] と「社会保障関係法」——

第3部の全体像

相互作用のワールド
──[[「ことば」の変化]]・[[「意味」の変化]と「社会保障関係法」──

　探査機4号"ことば"は、最初のワールド「社会保障関係法の生産工程」をあとにして、次なる「相互作用」のワールドを訪問するコトになる。「相互作用」のワールドに接近するに従って見えてきたモノは、「社会保障に関係する個別の具体的な法律」で使用されている[[「ことば」と「意味」とのぐにゃぐにゃした関係]]であった。乗組員たちは、社会の変化とともに、「ことば」は変化するし、「ことば」の意味も変化する、というコトについては、なんとなく知っていた。ところが、「相互作用」のワールドでは、さらに複雑なコトが待ち受けていた。複雑なコトの具体的な内容は、第3部で理解してもらうコトになるが、ココでは、少しだけ、予備的なコトを述べておこう。

　「ことば」の変化については、たとえば、かつては「助産婦」と称されていた「女子」が、今日のように「厚生労働大臣の免許を受けて、助産又は妊婦、じょく婦若しくは新生児の保健指導を行うことを業とする女子をいう」(保健師助産師看護師法第3条)という具合に、「性別」をそのままにして、「助産婦」から「助産師」へと改正されたというような場合がソレに当たる。このような場合は、[[「A」という状態のコト]]を表現してきた「甲という(具体的な)ことば」が「乙という(具体的な)ことば」に変わったというコトである。しかし、「甲という(具体的な)ことば」によって意味されるコトの内容が[[「A」という状態のコト]]以外に広がりを持ってきたとしよう。そうすると、気づくべきコトとしての重要なコトは、「音」や「文字」が不変でありながらも、周りのコトとの関係で、[表現の対象(とされるコト)の変化]というコトを介在させたという形での[[「ことば」というモノの変化]]が生じているというコトになる。ココで気をつけてほしいコトは、「ことば」という場合に、ある特定の具体的な「音」や「文字」のコトのみを思い浮かべない

コトである。もちろん、ソレも大切であるが、ココで使用される［「こ
とば」という「ことば」］は、［（そもそもの）「ことば」というモノ］と
いうコトにもなっている。しかし、具体的な手掛かりがなければ、［（そ
もそもの）「ことば」というモノ］について考えるコトは非常に困難であ
る。ソノ意味で、第３部では、社会保障に関係する個別の具体的な法
律を手掛かりとするのである。

　今まで述べてきたコトと深くかかわるのは、［「ことば」によって表現
される対象］の変化である。しかし、これも、下手をすると、［「甲とい
う（具体的な）ことば」の意味の変化］に限定された考察となりがちで
ある。限定された考察とならないためには、［（そもそもの）「ことば」と
いうモノによって表現される対象の変化］という、広くて深いコトを念
頭に置いておかなければならない。以上のコトから、乗組員たちが訪れ
る第３部で扱うコトになるのは、［「ことば」の相互作用］のワールド
というコトになる。とはいっても、いきなりでは混乱しそうなワールド
ある。まずは、「実験工房」をのぞいて、「社会保障に関係する個別の具
体的な法律」に接近してみよう。

第３部の具体的な構成
第１章　実験工房
第２章　「医療保障関係法」を巡る［「ことば」の相互作用］
第３章　「所得保障関係法」を巡る［「ことば」の相互作用］
第４章　「社会福祉関係法」を巡る［「ことば」の相互作用］
第５章　「生活保護法」を巡る［「ことば」の相互作用］

実験工房——(テーマの設定と扱う項目)

テーマの設定

[「ことば」の相互作用]のワールドで、隊員たちが最初に訪れたのは、「実験工房」であった。そこで繰り返されていたのは、「社会保障に関係する個別の具体的な法律」に使用される「ことば」の取り換え作業や入れ替え作業であった。かすかに聞こえる会話から理解できるコトは、「甲という(具体的な)ことば」を「乙という(具体的な)ことば」に取り換えた場合、法律全体としての構造が変化するのではないか、というようなコトを巡って議論されているらしいというコトであった。さらには、「名詞」と「名詞」を組み合わせた複合語を作りながら、使用される「名詞」と「名詞」の順序を変える実験もなされている。ソレにとどまらず、[同一の「音」]や[同一の「文字」]であっても、時間を移動させるコトによって、それらのモノが、結果として、どのように存在するコトになっているかについても実験されている。「実験工房」で気に掛けられているコトは、どうやら、個々の具体的な「ことば」というより、[「ことば」というモノ]のもっている「質」のようである。

この章で扱う項目

I 「ことば」の取り換え

II 使用される「ことば」と順序

III 「ことば」の説明ための「ことば」

IV [「過去」に存在していたモノ]についての「同時代的ことば」と「現代的ことば」

V 「新しい事態」の発生と「ことば」

3・1 実験工房 　91

「ことば」の取り換え

　「A とする。」（△△条）の中にある「A」という「ことば」を「B」という「ことば」に取り換える。このような作業は、「法改正」でよく見られるモノである。確かに［「ことば」の取り換え］ではあるが、ココで考える［「ことば」の取り換え］とは、「○○年に A が B に取り換えられた」というようなコトについてではない。ココでは「具体的な（ことば）A が（ことば）B」に取り換えられたというコトについてではなく、＜［「ことば」というモノの取り換え］というコト＞にまで視野を広げるコトになる。試しに、「保護は、世帯を単位としてその要否及び程度を定めるものとする。但し、これによりがたいときは、個人を単位として定めることができる。」（生活保護法第 10 条）を「保護は、個人を単位としてその要否及び程度を定めるものとする。但し、これによりがたいときは、世帯を単位として定めることができる。」としてみよう。関心のない方たちにとっては、「同じコトじゃないか」だとか、「どこが変わったの？」というコトであろうが、生活保護のコトをよく知っている方たちは、「何かおかしい」と感じたかもしれない。この場合の「何かおかしい」も、①現行条文を知っているので、そのコトとの関係で「何かおかしい」という場合と、②生活保護制度の趣旨からして「何かおかしい」というように、幾つかのパターンがある。「（ことばとしての）世帯」と「（ことばとしての）個人」の位置を入れ替えるコトは、「ことば」を単に取り換えたというコトにとどまらずに、［「世帯」と「個人」に順序があるとされているコトはどうしてだろう、というような気持がわいてくる］というコトも生じさせる。というコトは、私たちがよく知っている「法改正」という作業の結果においても、［「このようなコト」が生じているというコト］に気がついてほしいというコトになる。

92　第 3 部　相互作用のワールド

使用される「ことば」と順序

　[「障害者」という「ことば」]は、「障」「害」「者」を組み合わせた一つの「名詞」である。「障」「害」「者」を組み合わせる場合、ソノ可能性は、「障害者」「障者害」「害障者」「害者障」「者障害」「者害障」となってしまうのに、結果としては、「障害者」が採用されている。このように言ってしまうと、「障」と「害」を組み合わせて「障害」とし、それに「ヒト」のコトを表す「者」を付けたモノが「障害者」である、という発言がありそうだ。では、なぜ、「者障害」ではないのだろう。こうなってくると奥が深くなり、「語」の順序と「ことば」の問題に入り込むコトになる。気がついてほしいのは、「障害者」に使われている「障害」は「名詞」のようだが、「者」に接着し、「障害のある」というように形容する[「形容詞」（的なもの）]であるというコトについてである。じつは、ココに大きなテーマが横たわっているのだ。「体重の重い状態にある人」のコトを「体重重者」や「重体重者」とは言わない（コトが多い）。この場合、「体重」・「重」・「者」が独立的であり、結果として、一つの「名詞」になりにくいコトになっている（ただし、「重体重者」はあるかも？）。では、一つの「名詞」のようになってしまった「障害者」は、どのようなコトに結合する可能性を有するモノなのか？「……が困難である」という状態のコトを表現するのが「障害」という「語」であれば、そのような状態は、場面によって、様々な人々にとって日常的に生じている。その前提となっているのは、[共通しているコトとしての「ヒト」]である。決して、当初から固定的に「障害者」という「ヒト」が存在しているわけではない。しかし、「形容詞」を「名詞」の前に置いて、一つの「名詞」を作ってしまうと、「形容詞」は、結合される以前の「名詞」が表現していた意味を消失させてしまうコトもある。

3・1　実験工房　　93

「ことば」の説明ための「ことば」

　ここでは、「ことば」が「ことば」の説明に使用されるというコトについて考えてみよう。「そんなコト当たり前のコトではないか」となるかもしれないが、もう少し奥に入ってみよう。「そんなコト当たり前のコトではないか」でもよいのかもしれないが、ソノ場合の「ことば」とは、「山」とか「イヌ」というような具体的な「ことば」を念頭に置いているのであろう。ところが、ココでこだわろうとしているコトは、［説明されることになる「ことば」］が、＜［「ことば」というモノ］によって説明されるというコト＞についてである。具体的にいうなら、例えば、「この法律において、「保険料免除期間」とは、保険料全額免除期間、保険料四分の三免除期間、保険料半額免除期間及び保険料四分の一免除期間を合算した期間をいう」（国年法第5条第2項）というような、「（そこだけで使用される）固有名詞（的なモノ）」を「普通名詞」で説明するコトは、法律の中での「定義」に当たる個所で見られるコトである。「定義されるコトになる名詞としての保険料免除期間」と、「保険料全額免除期間、保険料四分の三免除期間、保険料半額免除期間及び保険料四分の一免除期間を合算した期間」をみると、専門的ではあるものの、どこといって、理解が困難なモノはない。感じるコトは、むしろ、類似した「語」が併存しているというようなコトである。しかし、構造上は、「保険料免除期間」が「抽象度の高い」モノとして存在しており、「保険料全額免除期間」などは「その具体的構成物」であるという関係にある。「語」ソレ自体には、「上下関係のようなコト」はないのにである。「ことば」についてのコノような関係は、［「山」を「ことば」で説明する場合］においても生じているのである。ソコに介在しているモノは、私たちにとっての「抽象性」、「抽象化」である。

［「過去」に存在していたモノ］についての「同時代的ことば」と「現代的ことば」

　［「gyakutai」という「音」］、［「虐待」という「文字」］は、いつの時代でも、同様のコトを意味しているのであろうか。答えは、「いや違う」「同時代であっても、個人差がある」となりそうである。しかし、「法律」で定められた「虐待」の場合は、「個人差がある」はなかなか通用しない。結果として、「しつけ」を巡る法的紛争状態が生じるコトになる。もちろん、ソノような理解でよいのだが、ココは「実験工房」なので、もう少しだけ奥に入ってみよう。では、「例ヘバ軍人ニナリマスルニモ非常ナ困難ナ所ニ出掛ケナケレバナラヌト云フヤウナコトデ、年少ノ折カラ志ス者ハ相當ムヅカシイ仕事モスルヤウニ相成ルコトト思ヒマスケレドモ、ソレハ所謂虐待デナクシテ、子供ガ例ヘバ藝道デ立派ナ者ニナラウ、劍道デ一ツ此子ヲ名人ニシヤウト云フヤウナ、社會的ニ正當デアリ、又サウ云フコトガ發達シナケレバナラヌ事柄デアリマスカラ、是ハ相當ニ何ト申シマスルカ、難行ヲ致シマシテモ直ニ虐待トハ考ヘラレナイヂャナイカ」（政府委員　丹羽七郎氏（当時）発言）（『第六十四回帝國議會　貴族院兒童虐待防止法案特別委員會議事速記録第一號』昭和８年３月22日２〜３ページ）を読んだ、現代の皆さんはどのように感じただろうか。確かに、［「gyakutai」という「音」］、［「虐待」という「文字」］を使用しているのだが、「昔はこうだったのか……」というように、現代の皆さんたちの枠組みで受け止める。ソコで重要になってくるのが、［「gyakutai」という「音」］、［「虐待」という「文字」］についての、聴く主体としての皆さんたちの「枠組み」である。Ａさんが「gyakutai」と発語したとしても、Ｂさんは［Ａさんの「gyakutai」という「音」をＢさんの「gyakutai」で聴取］するコトになる。

3・1・Ⅳ

3・1　実験工房　　95

「新しい事態」の発生と「ことば」

　［使用されていた「ことば」によって表現が困難な「新しい事態」］が発生する場合とは、一体、どのようなコトだろう。ココで、まず気にしなければならないコトは、［何とかして表現しなければならない「新しい事態」］とはどのようなコトなのかについてである。見慣れた風景であれば、何も気がつかない。そのような認識については、例えば、普段実行してきた「行為」について、「これがセクハラであったのか？」という具合に、何らかの拍子に「気がつく」というコトもあるというコトである。このように書くと、「社会が変化しているのに、ソレに気がつかない方がおかしい」なんて言われるかもしれない。では、「新しい事態」に「気がつく」とは、一体どういうコトなのだろう。「その時点まで、何らかの表現方法によって表現しないで済んでいたコト」とは一体どういうコトなのだろう。現代的に言うなら、ダイバーシティ（というような「ことば」）がこのコトに関わっている。何とかして表現したくなるような、モヤモヤしたり、イライラしたりというようなコトについて、「ソレはこのようなコトなのだ」という具合に、「新しい事態」の発生として差異化するコトを可能とする、それが［「ことば」というモノ］である。ここで重要なコトは、［「対象」と「ことば」の一致］というコトではない。重要なコトは、［「ことば」というモノ］によって表現しようとしているソレが、どのようなコトをきっかけとして、表現せずに済んでいたコトと決別するコトになるのかというコトである。逆に言うと、［「（気付かれるコトのない）表現せずに済んでいたコト」とされていたコト］こそが鍵を握っているのである。接近しなければならないコトは、［どのような事情から「（気付かれるコトのない）表現せずに済んでいたコト」とされていたのか］、というコト自体についてである。

96　　第 3 部　相互作用のワールド

「医療保障関係法」を巡る［「ことば」の相互作用］
―――（テーマの設定と扱う項目）

テーマの設定

　「健康保険法」などの「医療保障関係法」を巡る［（具体的な）「ことば」の相互作用］を手掛かりにして、「医療保障関係法」における［「ことば」というモノの相互作用］を見てみよう。当たり前と言えば当たり前の話だが、現行の「健康保険法」には存在しているものの、制定当初の「健康保険法」には存在していない「ことば」が数多くある。例えば、［「被扶養者」という「ことば」］もそのひとつである。とはいっても、［「被扶養者」という「ことば」］は、現代では、年金関係の法律にも使用されているし、さらには、税金関係でも使用されている。それでは、現代社会において、その［「被扶養者」という「ことば」］は、「健康保険法」に独自のモノとして存在していないのか？それとも、独自のモノとして存在しているのか？このような存在である［「被扶養者」というような「ことば」］は、「医療保障関係法」を巡る［独自の「ことば」］として存在しうるのであろうか。

> #### この章で扱う項目
> I 　［「医療保障関係法」を巡る「ことば」の「創造」
> II 　［「医療保障関係法」を巡って使用される「ことば」］と［関連領域の「ことば」］
> III 　［「医療保障関係法」を巡って使用される「ことば」］と［普遍性を有する「ことば」］
> IV 　「医療保障関係法」を巡る［独自の「ことば」］
> V 　［「医療保障関係法」を巡る「ことば」］の独自性

3・2　「医療保障関係法」を巡る［「ことば」の相互作用］　97

[「医療保障関係法」を巡る「ことば」]の「創造」

　ある時点まで存在していなかった「ことば」が、何らかの拍子に「創造」されるコトはよくあるコトである。この場合、鍵を握っているのは、その「何らかの拍子」というコトである。なぜなら、それまで使用されていた「ことば」によっての対応が可能なコトであれば、そのように対応されていたからである。平成6年以降の［「入院時食事療養費」という「（創造された）ことば」］は、その時点まではなかった「ことば」である。ここで注意してほしいのは、［「入院時食事療養費」という「ことば」］を構成している［「入院」「時」「食事」「療養」「費」という「ことば」］は、ソレ以前でも使用されていたというコトについてである。生じたコトは、その時点以前も使用されていた「ことば」を組み合わせた結果として、「ことば」が「創造」されたというコトである。条文の配置などを手掛かりとしてもう少し奥に入ると、この［「入院時食事療養費」という「ことば」］が、金銭による給付としての各種の「療養費」の一部をなしているというコトが分かってくる。この関係は、［「動物」というモノ］の中に「新しい生き物」が含まれるようになったようなモノである。というコトは、「動物」の中に入れ込めたい何かが認識されたというコトになる。すなわち、［ソノ時点までの「入院」と「食事」との関係］では、「創造」する必要がなかったコトについて、「創造」する必要があるコトになってしまったわけである。その際に、［「入院時食事」という「ことば」］ではなく、［「入院時食事療養費」という「ことば」］が「創造」されたわけである。というコトは、「創造」される必要があった対象物は、「現物の給付」ではなく、「費用の支給」であったというコトである。［「医療保障関係法」を巡る「ことば」］は、［単なる「ことば」としてではないモノ］として存在しているのである。

［「医療保障関係法」を巡って使用される「ことば」］ と ［関連領域の「ことば」］

　［「給付」という「ことば」］を採りあげてみよう。健保法第52条以下等に［「給付」という「ことば」］はある。そして、生活保護法にも［「給付」という「ことば」］は存在している。権利についていえば、前者においては、「保険給付を受ける権利は、譲り渡し、担保に供し、又は差し押さえることができない」（健保法第61条）とされており、後者においては「保護又は就労自立給付金の支給を受ける権利は、譲り渡すことができない」（生活保護法59条）とされている。もう少し奥に入ってみよう。健保法の「保険給付の種類」に対応するモノは、生活保護法では「保護の種類」となっている。このコトからわかるように、健保法で見られる「hokenkyufu」の位置と同様のモノは、生活保護法では「hogo」である。では、生活保護法では、「kyufu」はどのような位置にあるのか。たとえば、「医療扶助は、現物給付によつて行うものとする」（34条）というように、［「kyufu」という「ことば」］は「保護の方法」のレベルのモノとして使用されている。結果として、「kyufu」という同じ「音」、同じ「文字」でありながら、ここに見られる「kyufu」の位置は異なっている。生活保護でなされるコトは「給付」ではなく、「保護」であり、「扶助」なのである。ここに生じているコトは、［「kyufu」という「（同じ音の）ことば」］を使用しながらも、一方については「抽象度」の高い位置のモノとして位置づけしながら、他方については「具体的」なモノとしての位置のモノとして位置づけをしている、というコトである。体系的なコトとして表現するならば、①抽象度の高い［「ヒト」という「ことば」］の「ヒト」に当たるモノが、②隣にいる具体的な「ヒト」というレベルで使用されているというコトである。

［「医療保障関係法」を巡って使用される「ことば」］ と ［普遍性を有する「ことば」］

　［「医療保障関係法」を巡って使用される「ことば」］の多くは、ソノ場所だけで使用される特殊なモノではない。例えば、「保険者は、給付事由が第三者の行為によって生じた場合において、保険給付を行つたときは、その給付の価額……（中略）……の限度において、被保険者が第三者に対して有する損害賠償の請求権を取得する」（国保法64条）の中にある「給付事由」や「保険給付」という「語」は［普遍性を有する「ことば」］といってもよいモノである。そして、国保法36条等に見られる「疾病」という「語」も［普遍性を有する「ことば」］といってもよいモノである。コレから先が少し面倒なコトになる。面倒なコトとは、［「医療保障関係法」を巡って使用される「ことば」］としての前者と後者の関係に関してのコトである。「給付事由」と「保険給付」という「語」が、［「医療保障関係法」を巡って使用される「ことば」］としての属性を強く有しているのに対して、［「疾病」という「語」］は、［「医療保障関係法」を巡って使用される「ことば」］としての属性を有していながらも、同時に、私たちがよく口にする「病気（一般）」というようなレベルでの［普遍性を有する「ことば」］でもある。これらのコトとの関係で、［「疾病」であっても、ソレ＝「給付事由」＝が第三者の行為によって生じた場合においては、社会保険としての「保険給付」としては、特別な扱いをされるコトが生じる］というような「表現対象」が、国保法64条に見られる文章として表現されるコトになる。［「ことば」というモノ］は、ソレ自体としては、「ことば」としての等位性を有していると同時に、使用される「場」との関係で階層をなすモノとなりうるというコトである。

「医療保障関係法」を巡る［独自の「ことば」］

　「医療保障関係法」を巡る［独自の「ことば」］というモノはあるのだろうか。このような問いかけは、先ほど述べたコトと矛盾するコトのようである。ただし、このような問いかけから始めたからといって、［独自の（具体的な）「ことば」］を探し出す訳ではない。ここで試みるコトは、手掛かりとしての［独自の（具体的な）「ことば」］を利用するコトによって、［「ことば」というモノ］が「医療保障関係法」において果たしている役割を探るというコトに取っ掛かりを付けるというコトである。例として「被保険者の被扶養者……（中略）……が保険医療機関等のうち自己の選定するものから療養を受けたときは、被保険者に対し、その療養に要した費用について、家族療養費を支給する。」（健保法第110条）に見られる「家族療養費」という「医療保障関係法」を巡る［独自の「ことば」］を使ってみよう。「家族」と「療養費」の組み合わせの「家族療養費」は国保法には存在しない。その理由は、国保法の第5条に見られるように「都道府県の区域内に住所を有する者」であれば、第6条の適用除外を除いて、一人一人を国保制度の被保険者本人としているからである。ということから、［「家族療養費」という「ことば」］は、被扶養者と結び付いた「独自な姿」であると同時に、（健保法の中での）「普遍的な姿」ともなっている。ソレにとどまらず、［「家族療養費」という「ことば」］は、（健保法の中での）「普遍的な姿」を超えて、「医療保障関係法」全体の中で、「こういうモノなのだ」というような「普遍的な姿」を創り出している。このように、［「ことば」というモノ］は、その「場」に独自のという状態を表現するためのモノでありながら、ソノ瞬間に、「こういうモノなのだ」というような「普遍的な姿」を創りだすモノでもある。

3・2 「医療保障関係法」を巡る［「ことば」の相互作用］　　101

[「医療保障関係法」を巡る「ことば」] の独自性

今まで見てきたコトを手掛かりにして、[「医療保障関係法」を巡る「ことば」] の独自性についてみてみよう。先ほど述べたように、[「医療保障関係法」を巡る「ことば」] も「ことば」であるので、[「ことば」というモノ] の質を発揮する。では、そのような質と、[「医療保障関係法」を巡る「ことば」] というコトは、どのようにかかわってくるのであろうか。[「医療保障関係法」を巡る「ことば」] の多くは、ソノ「場」でのみ通用するモノでもあり、したがって、「固有名詞的存在」でもある。とはいっても、「法律」や「制度」としての要請から、[「医療保障関係法」を巡る「ことば」] は、「普遍的な状態」を表現するモノでもある。ソノ結果、相互に影響し合わない閉鎖された関係の中では、[「音」と「意味する対象」との関係] から生じてくる諸問題は、[「ことば」というモノ] のソノような質がかかわって気づかれにくい。手術室での「mesu＝メス」という「音」は、「助手が執刀医に黙ってメスを手渡す行為」と直結し、「メスがどうにかしたんですか？」という「助手の質問」には結合しにくい。ところが、雑踏の中で、先程の医師によって、この「mesu」という「音」が発せられた場合、はたして、ソレは、「通行人が執刀医に黙ってメスを手渡す行為」と直結するであろうか。[ある「音」] が [ある「行為」] を要請しているというような関係が出来上がるためには、[「発語者」と「聴く主体」] を巡っての空間が大きくかかわっている。国境、性差、年齢、等などは、このような空間として存在している。以上のコトを踏まえて、「医療保障関係法」という現実に目を向けるならば、「制度の縦割り」や「年齢による区分された制度」という分断された空間の存在は、[「ことば」というモノ] に備わっている質的な複雑さを一層強震させるコトになる。

「所得保障関係法」を巡る［「ことば」の相互作用］
——（テーマの設定と扱う項目）

テーマの設定

　「厚生年金保険法」などの「所得保障関係法」を巡る［（具体的な）「ことば」の相互作用］を手掛かりにして、「所得保障関係法」を巡っての［「ことば」というモノの相互作用］を見てみよう。現実の具体的な［「所得保障関係法」を巡る「ことば」］は、「医療保障関係法」と同じように、「所得保障関係法」が社会保険の一環として実施されているコトと関係している。とはいっても、たとえば、「医療保障関係法」が、主に、「医療の現物の給付」を核として実施されてきたという経緯に光を当てれば、「所得保障関係法」は「金銭による給付」を核として実施されており、両者の間に差異は存在している、というコトになる。では、［「ことば」というモノ］を手掛かりにした場合、そのようなコトは、たとえば、どのようなコトとして現象するのであろうか。

この章で扱う項目

Ⅰ　［「所得保障関係法」を巡る「ことば」］の「創造」
Ⅱ　［「所得保障関係法」を巡って使用される「ことば」］と［関連領域の「ことば」］
Ⅲ　［「所得保障関係法」を巡って使用される「ことば」］と［普遍性を有する「ことば」］
Ⅳ　「所得保障関係法」を巡る［独自の「ことば」］
Ⅴ　［「所得保障関係法」を巡る「ことば」］の独自性

3・3　「所得保障関係法」を巡る［「ことば」の相互作用］　　103

［「所得保障関係法」を巡る「ことば」］の「創造」

　「労働者年金保険法中改正法律（昭和 19 年・法律 21 號）」によって、昭和 16 年の「労働者年金保険法（法律 60 號）」は、多岐にわたって改正された。大きな議論となったモノの一つに「女性が（強制）被保険者となるコト」に関係した議論が挙げられる。ソコにあったのは、「必要とされる労働力」、「家制度」、「家庭を守る女性」、「結婚をして子供を産む」などを巡っての複雑な事情である。とはいえ、コノ改正によって、「結婚手當金」というモノが創り出された。具体的には、「被保険者タリシ期間三年以上ナル女子タル被保険者ガ婚姻シタルトキ又ハ被保険者ノ資格喪失後一年以内ニ婚姻シタルトキハ平均報酬月額ノ六月分に相當スル金額ノ結婚手當金ヲ支給ス但シ既ニ結婚手當金ノ支給ヲ受ケタル者ニハ之ヲ支給セズ」（第 51 条の 2）というモノである。ココで結合した［「結婚」と「手當金」］によって、結果として、［「所得保障関係法」を巡る「ことば」］としての「結婚手當金」が「創造」されたのである。昭和 16 年時点での「從來ノ例ニ依リマシテ女子ハサウ長ク勞働ヲ續ケテ居ルコトハ出來ナイ事情ニアリマシテ、多クハマア結婚スル、結婚シナイニ致シマシテモサウ長イ者ガナイ」（政府委員　樋貝詮三氏（当時）発言）（『第七十六囘帝國議會　貴族院健康保険法中改正法律案委員會議事速記録第三號』昭和 16 年 2 月 18 日 2 ～ 3 ページ）とは異なり、「勤勞保護諸立法ノ整理統合ヲ行ヒ、事務ヲ簡素化スル等、本制度ヲシテ愈々戦力増強ノ強力ナル一環タラシメ、以テ聖戦目的完遂ニ寄與セシメントスルモノデアリマス」（小泉國務大臣（当時）発言）（『第八十四囘帝国議會　衆議院戦時特殊損害保険法案委員會議録（速記）第七囘』　昭和 19 年 1 月 29 日 55 ページ）というように、「聖戦目的完遂」との関係で、［「結婚」と「手當金」］という「ことば」は結合した。

104　　第 3 部　相互作用のワールド

［「所得保障関係法」を巡って使用される「ことば」］と［関連領域の「ことば」］

　［「第 2 号被保険者」という「ことば」］を採りあげてみよう。国年法の第 7 条第 1 項は「次の各号のいずれかに該当する者は、国民年金の被保険者とする。」として、同項第 2 号は、「厚生年金保険の被保険者（以下「第 2 号被保険者」という。）」としている。そして、介護保険法の第 9 条第 1 項は「次の各号のいずれかに該当する者は、市町村又は特別区（以下単に「市町村」という。）が行う介護保険の被保険者とする。」として、同項第 2 号は、「市町村の区域内に住所を有する 40 歳以上 65 歳未満の医療保険加入者（以下「第 2 号被保険者」という。）」としている。［「第 2 号被保険者」という「ことば」］は両者に存在する。このようにいうと、［「前者」は国年法のモノであって、「後者」は介保法のモノである］という指摘が出てくる。では、国年法の「第 87 条第 1 項及び第 2 項並びに第 88 条第 1 項の規定にかかわらず、第 2 号被保険者としての被保険者期間及び第 3 号被保険者としての被保険者期間については、政府は、保険料を徴収せず、被保険者は、保険料を納付することを要しない。」（94 条の 6）についてはどうだろう。コレについても、［ココにある「第 2 号被保険者」は「国年法の中での第 2 号被保険者」である］と理解しなければならない。ただし、ココで重要なコトは、介護保険にも存在するがゆえに、［「第 2 号被保険者」という「ことば」］だけでは「特定不可能であった対象」を、国年法の第 7 条第 1 項第 2 号によって［以下「第 2 号被保険者」という］という具合にし、その結果として、「文の中での主語」＝「被保険者」（94 条の 6 にあたるモノ）を［「特定可能な対象」としているというコト］を生じさせた結果として、このコトが生じているというコトに気づくコトなのだ。

3・3　「所得保障関係法」を巡る［「ことば」の相互作用］　　105

［「所得保障関係法」を巡って使用される「ことば」］と ［普遍性を有する「ことば」］

　［「老齢」という「ことば」］は、日常会話の中ででも使用されており、「所得保障関係法」に限定的に使用される「ことば」ではない。「所得保障関係法」で見れば、「国民年金制度は、日本国憲法第 25 条第 2 項に規定する理念に基き、老齢、障害又は死亡によつて国民生活の安定がそこなわれることを国民の共同連帯によつて防止し、もつて健全な国民生活の維持及び向上に寄与することを目的とする。」（国年法第 1 条）や「老齢基礎年金は、保険料納付済期間又は保険料免除期間……（中略）……を有する者が 65 歳に達したときに、その者に支給する。」（26 条）のように使用されている。ここで気がつくコトは、条文の中での ［「老齢」という「ことば」］が、日常会話の中での「老齢」という「ことば」とは少し異なるモノとして存在しているというコトである。ココにとどまらず、さらに奥に入ると、国年法第 1 条の「老齢」と 26 条の「老齢」が、全く同一の使われ方をしていないコトにも気が付く。前者の ［「老齢」という「ことば」］は、「所得の保障が必要となる出来事（全体）」の一つのコトとして使用されている。ソレに対して、後者の ［「老齢」という「ことば」］は、［「基礎年金」という名詞］を後ろに結合させて、前者にみられた位置に止まらずに、「保険料納付済」や「年齢」との関係で、具体的な内容を内包して使用されている。このようなコトは、［「障害」という「ことば」］で一層明確になる。なぜなら、「……その傷病により次項に規定する障害等級に該当する程度の障害の状態にあるときに……」（同 30 条）という具合に、30 条の ［「障害」という「ことば」］は、［専門的手続きによって「状態にあるコト」（＝具体的な内容）とされるコト］と結合しているからである。

「所得保障関係法」を巡る［独自の「ことば」］

「保険料全額免除期間」（国年法第5条第2項）は、「所得保障関係法」を巡る［独自の「ことば」］といってよい。この「保険料全額免除期間」は、「保険料半額免除期間」などとともに「保険料免除期間」の一部を構成している。「所得保障関係法」を巡る［独自の「ことば」］として、ここで「保険料全額免除期間」を取り上げたのは、社会保険の他の分野で使用されていない「ことば」だから、というコトではない。では、改めて考えてみよう。国年法では「保険料納付済期間」（同1項）が定義されている。ソレとの関係で「保険料免除期間」が定義されている。では、なぜ、「保険料四分の三免除期間」を「保険料四分の一納付済期間」に、「保険料半額免除期間」を「保険料半額納付済期間」にしなかったのであろうか。ココで問題となるモノが「保険料全額免除期間」である。すなわち「保険料零額納付済期間」と表現しづらいことになってしまう。「所得保障関係法」を巡って、私たちは、「保険料四分の三免除期間」＝「保険料四分の一納付済期間」という具合に「ことば」で表現し得ても、「保険料全額免除期間」を［「納付済期間」という「ことば」］を使用して表現できない（コトになっている）。より正確には、［「表現できない」ではなくて「表現しない」］＝［「ことば」は創れても使用しない］と言った方が正しいであろう。では、なぜ「表現しない」のであろうか。「ある状態のコト」をどのような「音」・「文字」で表現するかは、全体構造の中での「ある状態のコト」が、どのようなコトとして存在しているのかが問われた結果である。［「保険料全額免除期間」という「ことば」］は［「可視的な全額」の「免除」］であって、［「零というモノ」の「納付済」］とは、決定的に異なるコトとされているのである。ココには、［「義務」の「免除」］という力が潜んでいる。

［「所得保障関係法」を巡る「ことば」］の独自性

　［「所得保障関係法」を巡る「ことば」］の独自性の一つは、［「結果として生じる何らかのコト」と「その原因」］に見るコトができる。どのようなコトかといえば、日本の「医療保障関係法」が、①「結果として生じる医療の必要な状態＝傷病」と、②「その原因としての傷病」を、［「傷病」という同一の「ことば」］で表現しているのに対して、「所得保障関係法」は、基本的に、①「結果として生じる所得の保障が必要な状態」と、②「その原因としての老齢、障害又は死亡」という構造を有しているからである。もう少し具体的に「所得保障関係法」を見てみよう。国年法では「結果として生じる国民生活の安定がそこなわれること」（第１条）と「老齢、障害又は死亡によって」（第１条）という具合に、［「結果として生じるコト」と「その原因」］が二段階になっている。ソレに対して、国保法では、「保険給付の必要な状態」としての「被保険者の疾病、負傷」（第２条）と「その原因」としての「被保険者の疾病、負傷」という具合に、［「結果として生じるコト」と「その原因」］が並列的繰り返しとなっている。これは、健保法でも、「労働者の業務外の事由による疾病、負傷……」（健保法１条）と「労働者の業務外の事由による疾病、負傷……」（健保法１条）という具合に並列的である。しかし、早まってはいけない。［「死亡又は出産」という「疾病、負傷」にとどまらないモノ］が、「医療保障関係法」にはあるからだ。では、これらのコトを総合するとどうなるのであろうか。外形的には、「所得保障関係法」にみられる「老齢、障害又は死亡」のように、「その原因」として一塊にまとめきれない［「死亡又は出産」と「疾病、負傷」］が「医療保障関係法」に共存しているからであるが、さらに奥に入ると、一塊にするための［「ことば」が存在していないというコト］になってくる。

「社会福祉関係法」を巡る［「ことば」の相互作用］
——（テーマの設定と扱う項目）

テーマの設定

　ここでは、「児童福祉法」などの「社会福祉関係法」を巡る［（具体的な）「ことば」の相互作用］を手掛かりにして、「社会福祉関係法」を巡っての［「ことば」というモノの相互作用］を見るコトになる。現実の具体的な［「社会福祉関係法」を巡る「ことば」］は、社会保険関係の諸々の法律で使用されているモノとは少し異なる。とはいっても、ソレは一部であり、「ことば」としては似ているモノもたくさんある。ココで問題としたいのは、そのように、「少し異なる」だとか、「似ている」という（結果としての）感覚がどうして生じてしまうのか、というコトについてである。単に、「音」が同じというだけでなく、もしくは、単に、「音」が異なるというだけでなく、そのようなコトがどうして生じるのかが問われるコトとなる。

3・4

この章で扱う項目
Ⅰ　［「社会福祉関係法」を巡る「ことば」］の「創造」
Ⅱ　［「社会福祉関係法」を巡って使用される「ことば」］と［関連領域の「ことば」］
Ⅲ　［「社会福祉関係法」を巡って使用される「ことば」］と［普遍性を有する「ことば」］
Ⅳ　「社会福祉関係法」を巡る［独自の「ことば」］
Ⅴ　［「社会福祉関係法」を巡る「ことば」］の独自性

［「社会福祉関係法」を巡る「ことば」］の「創造」

　［「社会福祉関係法」を巡る「ことば」］としての［「知的障害者」という「ことば」］は、今日では、「知的障害者福祉法」（昭35年法律第37号）などで使用されているモノである。「精神薄弱の用語の整理のための関係法律の一部を改正する法律」（平成10年・法律110号）による改正以前、「知的障害者福祉法」は「精神薄弱者福祉法」というモノであった。［「ことば」を「創造」するコト］になった改正にあたっては、「この「精神薄弱」にかわる用語につきましては、関係団体等から、障害の状態を価値中立的に表現することができる「知的障害」とすべきであるとの強い意見が表明されております。また、コノ「知的障害」という用語は、現在、社会的に広く使われるようになってきており、医学界を含めた関係者においてもこの用語を用いることについて了解が得られているところであります」（［018／027］142－参－国民福祉委員会－16号　平成10年05月26日）（尾辻秀久氏発言）（国会会議録検索システム2018年3月25日アクセス）というように語られている。この「発言」をどのようなモノとして捉えるか。ソレより少し以前のモノを見てみよう。「それでは、これだけ大きな問題になっているところでございますから、例えば精神薄弱者、今は知的障害者といいますか精神障害者の方、身体障害者の方、その総数と今本当に介護を必要としていらっしゃる方の数、そのくらいの数は出ると思いますが」（［024／027］140－衆－厚生委員会－3号　平成09年02月21日）（矢上委員（当時）発言）（国会会議録検索システム2018年3月25日アクセス）に見るコトができるように、発言者の意識の中では、［「全く同一の対象」についての「ことば」の選択］という、単なる「呼称」の選択のコトとなって位置づけされている。

［「社会福祉関係法」を巡って使用される「ことば」］ と ［関連領域の「ことば」］

「身体障害者福祉法」（昭 24 年・法律第 283 号）では ［「自立」という 「ことば」］ は、「……身体障害者の自立と社会経済活動への参加を促進 するため」（第 1 条）というように使用されている。他方、「生活保護法」 では、［「自立」という「ことば」］ は、「この法律は、日本国憲法 25 条 に規定する理念に基き、国が生活に困窮するすべての国民に対し、その 困窮の程度に応じ、必要な保護を行い、その最低限度の生活を保障する とともに、その自立を助長することを目的とする。」（第 1 条）というよ うに使用されている。二つの法律で使用されている ［「自立」という 「ことば」］ について、「同じじゃないか……」と感じた方もいるかもし れない。しかし、なかには、「前者」については「自分で頑張って ……」、「後者」については「生活保護に頼らない生活をするコト……」 という具合に、［「自立」という「ことば」］ のコトを感じた方もいるだ ろう。ココの場所で、このような「例」を使って、私が言いたいコトは どちらが正解だというようなコトではない。私が皆さん方に問いかけた いコトは、［「jiritsu」という同じ「音」］、［「自立」という同じ「文字」］ の ［「自立」という「ことば」］ について、読者のみなさんが、どのよう なコトに思いを巡らせた結果として、「前者」と「後者」とを、少し異 なるようなモノとして感じたのか？というコト自体について、皆さんが どのように答えるか、というコトについてである。多分、皆さん方の思 考は、［「語」と「全体」との関係］ というコトになっているのであろ う。そして、厄介なコトには、ソノ ［「全体」というモノ］ が固定され ずに、［「条文」「法律」「社会福祉関係法」］ というコトになっているの であろう。

3・4 「社会福祉関係法」を巡る ［「ことば」の相互作用］　　111

［「社会福祉関係法」を巡って使用される「ことば」］ と ［普遍性を有する「ことば」］

　「老人福祉法」の ［「老人」という「ことば」］ は、日常会話の中ででも使用されており、「社会福祉関係法」に限定的に使用される「ことば」ではない。同じく ［「高齢者」という「ことば」］ は、［「老人」という「ことば」］ よりも丁寧な「ことば」のようにして使用されている。そうだとしたら、「高齢者福祉法」となりそうなモノであるが、「この法律は、老人の福祉に関する原理を明らかにするとともに、老人に対し、その心身の健康の保持及び生活の安定のために必要な措置を講じ、もつて老人の福祉を図ることを目的とする。」（第1条）という具合に、「老人福祉法」では ［「老人」という「ことば」］ のオンパレードなのである。というコトから、国会での近年の議事録を見ると、「特別養護老人ホーム」というような固有名詞的な場合には、［「老人」という「ことば」］ は使用されているものの、その他の場合は、かつて ［「老人」という「ことば」］ で表現されていた対象は ［「高齢者」という「ことば」］ となっている。しかしココで、「あー、そうなのか……」となってはいけない。かつて ［「老人」という「ことば」］ で表現されていた対象と、現代の ［「高齢者」という「ことば」］ で表現されている対象は、ひょっとしたら、異なるモノかもしれない、という具合になってほしいのである。では、「老人福祉法」が制定された前後、昭和35年の3月から40年の3月までの議事録を見てみよう。［「老人」という「ことば」］ と ［「高齢者」という「ことば」］ を、同一の発言者が併用しているのはわずかに8件である。そして、「特別養護老人ホーム」というような、固有名詞的な場合以外の場合においても、そこでは、圧倒的に ［「老人」という「ことば」］ が使用されているのである。

112　　第3部　相互作用のワールド

「社会福祉関係法」を巡る［独自の「ことば」］

　再び［「老人」という「ことば」］を採りあげよう。「老人福祉法」はあるが「老齢福祉法」はない。「老人年金」はないが「老齢年金」はある。鍵を握っているのは「ヒト」と「状態」である。表現されているコトは、「老人（ヒト）」に対しての「福祉法」というコトであり、「老齢（という状態）」に関しての「年金」である。逆から説明すれば、表現されているコトは、「老齢（という状態）」に関しての「福祉法」というコトではなく、「老人（ヒト）」に対しての「年金」ではない、というコトである。ココまではいいとして、コレからが大変だ。「社会福祉関係法」の「タイトル」に使用されている「児童」、「身体障害者」「老人」というような「ことば」には、独自の性格が備わっている。それは、「あるヒト」についての「何らかの状態」が、「認定」という手続きを介して、「社会福祉関係法」の「社会的に意義づけされた人」を創り出すというコトである。従って、ココには、「手続き」と「固定性」が大きな力を持っているコトとなる。「老人」が「老齢」と切り分けされているのは、「状態」に対しての給付ではなく、「ヒト」に対しての対応や給付とされているからである。「状態」に対しての給付の場合は、［「必要性のあるコト」とされる「ある状態」であるコト］が、結果として「給付」の対象となるというモノである。具体的に言うなら、［「所得保障の必要性のあるコト」とされる「老齢」であるコト］が、結果として「老齢給付」の対象となるというモノである。ソレに対して、「ヒト」に対しての「福祉法」という場合は、［「一定の年齢以上」であるコト］が認められるコトによって「老人」が創り出されて、「そのような老人」であるコトが「必要性のあるヒト」とされるという流れである。

［「社会福祉関係法」を巡る「ことば」］の独自性

　［「社会福祉関係法」を巡る「ことば」］の独自性の一つは、「前提」として存在する「認定」と深くかかわっている。このコトは、もう少し言えば、「社会福祉関係法」における「権利」や「義務」の「主体」が、何らかの手続きの結果として生み出されるコトと深くかかわっている、というコトである。典型的には、「この法律において、「身体障害者」とは、別表に掲げる身体上の障害がある十八歳以上の者であつて、都道府県知事から身体障害者手帳の交付を受けたものをいう」（身障福祉法第4条）に見るコトができる。このように述べると、「老人」や「児童」は「身体障害者」とは異なるではないか、という反論が待ち受けている。しかし、例えば、児童福祉法第4条にあるように、「年齢を基準としたモノとして、法律に規定する（という手続き）」を経た結果、「（制度としての）少年」が生まれるという意味で、全く同様である。このように、「主体」を何らかの手続きの結果として生み出すシステムを内包した「社会福祉関係法」の中においては、「主体」は、［そのような「固定化されたヒト」］として、再生産されるコトを繰り返すコトになる。例えば、「この法律は、障害者の日常生活及び社会生活を総合的に支援するための法律（平成17年法律第123号）と相まつて、身体障害者の自立と社会経済活動への参加を促進するため、身体障害者を援助し、及び必要に応じて保護し、もつて身体障害者の福祉の増進を図ることを目的とする」（同法第1条）という具合にである。身障福祉法の「定義」（第4条）以前の段階で、ココでは、固定的な意味での「そのようなヒト」がいるという風に表現されているのである。［「社会福祉関係法」を巡る「ことば」］の独自性とは、このように、「前提」として存在する「認定」と深くかかわっている。

「生活保護法」を巡る ［「ことば」の相互作用］
——（テーマの設定と扱う項目）

テーマの設定

　ここでは、「生活保護法」を巡る ［（具体的な）「ことば」の相互作用］を手掛かりにして、「生活保護法」を巡っての ［「ことば」というモノの相互作用］ を見るコトになる。現実の具体的な ［「生活保護法」を巡る「ことば」］ は、社会保険関係の諸々の法律で使用されているモノとは大きく異なるように感じる。とはいっても、［「ことば」自体］ を取り出してみれば、同じ「音」、同じ「文字」で表現されているモノもたくさんある。これは、一体どういうコトなのか。ここで問題としたいのは、そのように、「大きく異なる」だとか、「似ている」という、（結果としての）感覚がどうして生じてしまうのか、というコトについてである。単に、「音」が同じというだけでなく、もしくは、単に、「音」が異なるというだけでなく、そのようなコトがどうして生じるのかが問われるコトとなる。

この章で扱う項目
Ⅰ　［「生活保護法」を巡る「ことば」］の「創造」
Ⅱ　［「生活保護法」を巡って使用される「ことば」］と［関連領域の「ことば」］
Ⅲ　［「生活保護法」を巡って使用される「ことば」］と［普遍性を有する「ことば」］
Ⅳ　「生活保護法」を巡る［独自の「ことば」］
Ⅴ　［「生活保護法」を巡る「ことば」］の独自性

［「生活保護法」を巡る「ことば」］の「創造」

　［「生活保護法」を巡る「ことば」］としての［「最低限度の」という「ことば」］は、「この法律により保障される最低限度の生活は、健康で文化的な生活水準を維持することができるものでなければならない。」（生活保護法第3条）というように使用されている。ベースとなっているモノは「すべて国民は、健康で文化的な最低限度の生活を営む権利を有する。」（憲法第25条第1項）である。同じく、［「最低限度の」という「ことば」］が使用されているものの、前後の「順序」が少し異なるモノがある。たとえば、「殊に憲法におきまして國民はすべて最低限度の健康にして文化的な生活を保障されておることになつております。」（035／043］1－参－労働委員会－21号　昭和22年11月18日）（山田節男氏発言）（国会会議録検索システム2018年3月29日アクセス）である。「生活」との関係で、［「最低限度の」という「ことば」］を「使用」したわけであるが、何か微妙である。もし、そのような微妙な感覚が生まれたとしたなら、ソレは「表現したい対象」が、①そのように感じた「皆さん」と、②「発言者」の間で異なっているというコトとなる。なかには、「こだわっていなかったのでは？」という方もいるかもしれない。実は、「こだわっていなかったのでは？」というコトも重要なカギを握っている。［「最低限度の」という「ことば」（形容詞）］は、［「最低限度」という「ことば（名詞）」］とは異なり、その後ろにある名詞の状態を表現するコトになるモノである。「表現したいこと（自体）」が、どのようなコトなのか？も、ままならない戦後間もなくの混沌とした時代、「形容詞」としての「最低限度の」は「創造」された。社会保険関係の法律にはあまり数の多くない「形容詞」が、［「生活保護法」を巡る「ことば」］として「創造」されているのである。

［「生活保護法」を巡って使用される「ことば」］と ［関連領域の「ことば」］

　［「形容詞」というコト］を素材にして、［「生活保護法」を巡って使用される「ことば」］と［社会保険領域の「ことば」］についてみてみよう。とはいっても、それぞれにおいて、様々な「形容詞」が様々な場所で使用されているので、使用のされ方が類似している「形容詞」を採りあげて素材としてみよう。先ず確認しておかなければならないコトは、「生活保護法」と比較して、社会保険関係の法律では、「形容詞」の使用は数の多いモノではない、というコトである。このコトを確認したうえで、「給付基準についての表現」に見られる「形容詞」をみるコトとしよう。まず、生活保護法では、「必要な保護を行い」（第１条）の「必要な」が挙げられる。そして、そのコトは、「この法律により保障される最低限度の生活は、健康で文化的な生活水準を維持することができるものでなければならない。」（生活保護法第３条）と表現される。他方、社会保険関係法では、たとえば、「国民年金は、前条の目的を達成するため、国民の老齢、障害又は死亡に関して必要な給付を行うものとする。」（国年法第２条）や、「国民健康保険は、被保険者の疾病、負傷、出産又は死亡に関して必要な保険給付を行うものとする。」（国保法第２条）という具合に「必要な」が使用される。そして、「必要な」の「給付基準についての表現」にあたる部分は、「この法律による年金の額は、国民の生活水準その他の諸事情に著しい変動が生じた場合には、変動後の諸事情に応ずるため、速やかに改定の措置が講ぜられなければならない」（国年法第４条）という具合に表現されるコトとなる。他方、生活保護法においては、「必要な」という「形容詞」についての具体的な内容に関わる部分に、さらに「形容詞」が多発するコトになる。

3・5・Ⅱ

［「生活保護法」を巡って使用される「ことば」］と ［普遍性を有する「ことば」］

　当然のコトであるが、［「生活保護法」を巡って使用される「ことば」］のなかには、生活保護法関係以外でも使用されている「ことば」は数多い。ソレを前提として、［「特別な関係を巡るコト」で使用されている「ことば」］と、ソレを前提としない［「日常生活という場」でよく使用されている「ことば」］の関係について、同じ「音」、同じ「文字」で、両場面で使用されている「ことば」を手掛かりに考えてみよう。ココで採り上げるのは、先ほども採り上げた［「基準」という「ことば」］である。生活保護法で使用される［「基準」という「ことば」］は、「保護は、厚生労働大臣の定める基準により測定した要保護者の需要を基とし、そのうち、その者の金銭又は物品で満たすことのできない不足分を補う程度において行うものとする。」（第8条第1項）、「前項の基準は、要保護者の年齢別、性別、世帯構成別、所在地域別その他保護の種類に応じて必要な事情を考慮した最低限度の生活の需要を満たすに十分なものであつて、且つ、これをこえないものでなければならない。」（同条第2項）という使用のされ方をしている。ココをみるなら、［「基準」という「ことば」］の使用のされ方は、まさに「基準（というコト）」であって、「日常生活という場での使用のされ方」と類似している。ところが、［「基準」という「ことば」］は、「その困窮の程度に応じ、必要な保護を行い、その最低限度の生活を保障する」（1条）にある「必要な」や、「健康で文化的な生活水準を維持することができるもの」（3条）にある「生活水準」を下請けするモノとして存在しているコトから、結果として見えてくるのは、もともと幅のあるモノを（幅のあるモノとして）固定化するコトの正当性確保という役割を担う「ことば」としての「姿」である。

118　　第3部　相互作用のワールド

「生活保護法」を巡る［独自の「ことば」］

　先ほど見てきたコトとは少し異なるコトであるが、ココでは、もっぱら「生活保護法」という［「特別な関係を巡るコト」で使用されている「ことば」］というモノに光を当ててみよう。［被保護者という「ことば」］は「被」と「保護」と「者」を組み合わせた一つの名詞である。もう少しいうと、どのようなヒトなのかという具合に、「ヒト」を独立させるなら、「被保護」と「者」を組み合わせた一つの名詞（＝保護されるヒト）であるともいえるし、どのような状態なのかという具合に、「状態」を独立させるなら、「被」と「保護者」を組み合わせた一つの名詞（＝保護者に何かしてもらう状態）である。では、「被保険者」ではどうだろう。ココでは、「保険を管掌する側」の「保険者」に対して、「保険をかけられる側」の「被」＋「保険者」という理解でいいだろう。しかし、どうしても、［「保護」という「ことば」］が強く、［「被保護（される）」＋「者」対「保護（する）」＋者］が前面に出てしまうコトとなる。具体的には、「この法律において「被保護者」とは、現に保護を受けている者をいう。」（第6条第1項）という具合に、［「保護を受けている」状態］ではなく、［そのような「ヒト」］を創り出すことになる。結果として、立場の入れ替わりが可能な「ヒト」ではなく、「特別なヒト」という具合に、「（そのような）ヒト」を制度として創り出すコトになる。このコトは［「障害者」という「ことば」］についても類似している。「被」と「保護」と「者」という、一つ一つが、「生活保護法」に独自の「語」ではない場合でも、今まで見てきたコトは見られるコトであり、制度の中で、その「ことば」が「自己完結性」を有するモノとなる。逆に言うなら、「相互作用性」を発揮できないという関係の中での「ことば」が生産されているというコトになる。

［「生活保護法」を巡る「ことば」］の独自性

　［「生活保護法」を巡る「ことば」］の独自性は、「ことば」の有する「普遍性」と、「ことば」が発揮する「自己完結性」に深くかかわっている。［「生活保護法」を巡る「ことば」］として存在しているモノであっても、それらの多くは、もとはといえば、私たちの日常でよく使用されている「語」を組み合わせた結果のモノである。じつは、このコトとの関係で、「生活保護法」の有する法的特徴が発揮されるコトとなる。もう少しいうなら、［法律の中の「ことば」］であっても、その「ことば」は、［私たちの日常でよく使用されている「語」］の、その時点での、「使用方法」や「意味」を引きずりながら、［法律の中の「ことば」］として存在しているというコトになる。そのような［「ことば」というモノ］との関係で、現に存在している「生活保護法」という法律（全体）が、何らかの特徴を有するモノとなるのである。当たり前のコトではあるが、［「ことば」というモノ］は、「生活保護法」に関係する場面にのみ使用されるモノではない。「生活保護法」を巡る［独自の「ことば」］が、たとえあったとしても、その［独自の「ことば」］は、「生活保護法」を巡る［その他の「ことば」］と一体をなして、「生活保護法」という法律（全体）を構成するコトになる。しかし、［「ことば」というモノ］の「このような質」は、たとえば、「（単なる箇条書きのように）各条文は独立している」だとか、「各法律は独立している」というような「場」があるとしたなら、ソコでは「力」を発揮しにくいモノとなる。［「生活保護法」を巡る「ことば」］の独自性は、［「生活保護法」を巡る「ことば」］が、一方では、［私たちの日常でよく使用されている「語」］と結節していながらも、他方では、「生活保護法」が、社会保険関係の法律とは縁の薄い「場」にあるというコトから導き出される。

［相互作用のワールド］のための補足テーマ
——［「ことば」の変化］・［「意味」の変化］と
「社会保障関係法」——

［「児童」という「ことば」］

　昭和22年の「児童福祉法」の制定を巡っては、［「児童」という「ことば」］は、大いに議論の対象となった。現行法にもあるように「児童福祉法」の「児童」は、年齢等によって、「乳児」、「幼児」、「少年」と分けられている。日常の会話の中で、「児童福祉法」の定めるとおりに、これらの「語」を、現代の私たちが使用しているかと言えば、必ずしもそうではないし、もっといえば、個々人の感覚からすれば、［「児童」と「少年」］とは、更にあいまいであろう。実は、この［「曖昧な」というコト］が、ここで考えるコトと深くかかわっているのである。もう少し奥に入ってみよう。ある時点での法律上では、［「対象となるコト」と「語」］が、「1対1」という関係が出来あがっているとしても、その周りに新しい「語」が登場するコトによって、それまでの「1対1」は揺さぶられるコトとなる。ただし、その現象については、なかなか気づかれない。このようなコトを典型的に見ることができるのは、法律を作るにあたって、日常よく使用されている「語」が法律の中の「語」として使用される場合である。そのようなコトが分かりやすい形で現れているモノは、例えば、「併し少年につきましても勿論女性を含むものと解釈いたしておるのでありますが、ここだけを児童とすることも、この法の全体からして非常に困難であるのでありまして、少年という字を特に使つたのであります。ただ、然らば児童福祉法という名前がどうかという御意見も亦出て來るのでありますが、これは以前にも申上げましたように、この本法の対象とするものが、いわゆる我々の考えております児童という概念に相應する部分のものが一番多いのであるということ

と、その他に適当な言葉が見つからない。こういう両方の面からこういう題名を使つておるような次第であります。」（［003／004］1－参－厚生委員会－22号　昭和22年10月10日）（政府委員　米澤常道氏（当時）発言）（国会会議録検索システム2018年3月31日アクセス）というようなモノである。

［「老人」という「ことば」］

　先ほどみた「児童福祉法」と同様のことは、昭和38年の「老人福祉法」の制定を巡ってもあてはまるコトである。「児童福祉法」の「児童」について、年齢等によって分けるコトについて、（賛成ではないにしても）納得したとしても、［「老人」という「ことば」］については、それ以上に深刻である。例えば、「私は、本法案で、次の用語の定義について、その解釈等を御説明願いたい、こう考えます。本法の中で、老人の定義、これについて規定がございませんので、まず、その老人に対しての定義についてどういうふうにお考えか、これを明確にお示し願いたい。」（［003／005］43－参－社会労働委員会－25号　昭和38年06月20日）（藤原道子氏発言）（国会会議録検索システム2018年3月31日アクセス）という発言に対して、「老人福祉法案の立案に際しまして、老人の定義を法案の中に入れるかどうかということにつきまして検討したのでございますが、一定の年令で区切りますことにつきましてはいろいろ問題があるのではなかろうか、かように考えまして、意識的に定義を避けまして、社会的通念から言って、老人と自他ともに考えられるような人のための福祉ということに考えたのでございます。」（同）（政府委員　大山正氏（当時）発言）（国会会議録検索システム2018年3月31日アクセス）という具合にである。

第4部

「再生産と消滅」・「連続性・非連続性」
のワールド

――［「社会保障関係法」の「改廃」］と「ことば」――

第 4 部の全体像

「再生産と消滅」・「連続性・非連続性」のワールド
——[「社会保障関係法」の「改廃」] と「ことば」——

　探査機 4 号 "ことば" は、相互作用のワールドをあとにして、次な
る「再生産と消滅」・「連続性・非連続性」のワールドを訪問すること
になる。「再生産と消滅」・「連続性・非連続性」のワールドに接近するに
従って、乗組員たちの視野に入ってきたモノは、[「時」の再現装置] と
いう看板の掲げられた巨大な機械であった。乗組員たちは、法律が「時」
の移動との関係で改正されてきたコトを知っていたし、ソレとの関係
で、法律の中での「ことば」も変化する、というコトについても知って
いた。ワールド内の動きを観察すると、見えてきたコトは、[「ことば」
というモノ] を利用して、私たちがよく知っている [「社会保障関係法」
の「改廃」] という現象について、さらに奥に入ってゆく作業が待ち受
けているというコトであった。

　というコトから、具体的な内容は、第 4 部で理解してもらうコトに
なるが、ココでは、少しだけ、予備的なコトを述べておこう。

　気づいた方も多いと思うが、ココで扱う [「社会保障関係法」の「改
廃」] と「ことば」は、第 2 部の [「社会保障関係法の生産工程」と「こ
とば」] に対応する部分である。第 2 部が、「新しいモノ」を創り出す
工程としての「社会保障関係法の生産工程」について「ことば」を手掛
かりに接近したのに対して、第 4 部は、[「出来上がったモノ」の「改
廃」] というコトについて「ことば」を手掛かりに接近するモノであ
る。「なーんだ、、、法改正といっても、法律を改正する法律を作るとい
う手続きを経るので、同じじゃないか」なんて言わないでほしい。ココ
からの説明が、少し複雑なのだが、私もがんばるので、皆さんもがん
ばってほしい。

　具体的な「改廃」の形は様々あるが、それらに共通しているコトは、
「改廃」される以前の時点では、[[「改廃」される対象] が既に存在して

いたというコトである。このコトは大きい。ソコで生じるコトは、部分的な改正による「再生産」であったり、全面的な「消滅」であったりする。そして、法律の「連続性」や「非連続性」が生じるコトになるが、ソコでは、ある時点で創られた、ソレなりの、「体系性」や普遍性が、結果として、「連続性」や「非連続性」となって現象する。このようなコトに［「ことば」というモノ］がどうかかわっているのかに接近するコトが、ココでの作業である。どうしても避けられない作業は、［制度の生命維持装置としての「ことば」］についての接近であったり、［制度の消滅と「ことば」］についての接近であったりする。とはいっても、いきなり深みに入り込むコトは危険なので、まずは、「実験工房」で試行錯誤していただいて、その後に、「改廃」という具体的な過程で生じる［「ことば」の選択・配置・役割・機能］に接近し、つづいて、［「ことば」の交換］によって生じる［新しい「意味」］に接近するコトとなる。そして、法律の「改正」という出来事を介して、［「ことば」というモノ］の持っている制度の生命維持装置としての性格に接近し、最終的には、法律の「廃止」という出来事を介して、［制度の消滅と「ことば」］に接近する。

第４部の具体的な構成

第１章　試行錯誤の実験工房
第２章　「ことば」の選択・配置・役割・機能
第３章　［「ことば」の交換］と［新しい「意味」］
第４章　「制度の生命維持装置」としての「ことば」
第５章　「制度の消滅」と「ことば」

試行錯誤の実験工房——（テーマの設定と扱う項目）

テーマの設定

　[「ことば」というモノ]を切り口にして、私たちがよく知っている[「社会保障関係法」の「改廃」]という現象をみるなら、単なる現象としての「改廃」以上のコトが見えてくる。

　ひとことで「改廃」といっても、実際の、具体的な「改廃」は、「語」の入れ替えや、「配置」の変容、条文の付け加え、そして、全面改正、廃止、という具合に、形は様々ある。気をつけてほしいコトは、どのような「改廃」が、どのようなレベルで行われたのか、というコトについて、心を奪われないようにするコトについてである。留意すべきは、「改廃」される以前の時点では、[「改廃」される対象]が既に存在していたという、「改廃」に共通している事柄が存在しているコトについてである。ソコで生じるコトは、[「改廃」される対象]の「再生産」であったり、[「改廃」される対象]の全面的な「消滅」であったりする。結果として、「連続性」や「非連続性」が、法律を巡って生じるコトになるが、ソコでは、「体系性」や「普遍性」として認識されていたモノが、結果として、「連続性」や「非連続性」となって現象する。このようなコトに深入りする前に、まずは、「実験工房」で試行錯誤していただこう。

この章で扱う項目

Ⅰ　「法改正」と「ことば」

Ⅱ　「法律の連続性」確保と「ことば」

Ⅲ　「ことばの連続性」確保と「法律」

Ⅳ　「ことば」を取り換えるというコト

Ⅴ　[生き残る「ことば」]と[なくなる「ことば」]

「法改正」と「ことば」

　「法改正」とは何？と問うコト自体が妙なコトかもしれない。さらに、[「ことば」というモノ] 使用して、[「法改正」というコト] に接近しなさい、というコトになる。このコトについて奥深く入るために、少しだけためしに見てみよう。社会は、常に変化しているし、ソレとの関係で、場合によっては、[「法改正」というコト] が生じるコトもある。常に変化している社会の中で、ソレまで、「ことばA」の使用ですまされていた事柄について、結果として、「ことばB」の使用を要請されるコトが生じるコトもある。生じるコトは、私たちの暮らしている社会で使用されている「ことばA」が、「ことばB」の誕生によって影響を受けるというコトである。表現を変えるなら、[「ことば」というモノ] が、表現されるコトとの関係で存在しているコトから、表現されるコトの変化によって、当然のように「ことば」は変化する、というコトになる。その影響は大きなモノであるかも知れないし、気がつかれないほどのモノかもしれない。ソノ変化が、それまでの「文章」や [「法改正」というコト] で生じると、ソレが目に見える形で生じるコトになる。私たちは、ソノ結果としての [「法改正」というコト] については、ある程度知っている。しかし、ソレについて [「ことば」というモノ] を使用して考えるコトはあまりしない。実際になされている [[「社会保障関係法」の「改廃」]] は、結果として、「再生産と消滅」・「連続性・非連続性」を法の世界で生じさせるが、ソレは、単なる [[「部品」の入れ替え] というコトの結果なのではなく、使用されるコトになる [[「ことば」というモノ] が有している「質」と大きくかかわっている。社会が常に変化しているコトに対応するように、「ことばB」の誕生によって、「ことばA」が影響を受けるというコトが生じているのである。

「法律の連続性」確保と「ことば」

　[「社会は常に変化している」というコト]、[「ことばB」の誕生によって、「ことばA」が影響を受けるというコトが生じるというコト]が了解されたとしても、そして、そのようなコトが常に生じている社会でありながらも、多くの法律は連続性を確保している（ように見える）。では、「連続性を確保している（ように見える）」というコトや、「連続性を確保していない（ように見える）」というコトには、一体、「何」が関わっているのであろうか。他方で、社会は安定的であるコトが望ましいというコトから、[「法律の連続性」確保]は要請されるコトになる。それらを総合するなら、[要請される「法律の連続性」確保]のために、[「ことば」というモノ]がどのようにかかわっているか、が次なるテーマとなる。このようなコトについて考える際に避けなければならない思考方法は、[「法律の連続性」確保]のために「ことば」が利用される、というような、「ことば」を「道具」のように考える思考方法である。とはいっても、「ことば」が利用される、ではなく、[「ことば」というモノ]が利用される、というコトになれば、道は開けてくる。なぜなら、そこでは、[「ことば」というモノ]が持っている「質」的なコトが意識されているからである。探求されなければならないコトは、[「ことば」というモノ]が、対象との関係で、[「1対1」である]（かのようになる）でもあるし、[「1対1」でない]（かのようになる）でもあるというコトを踏まえた「法律の連続性」確保についてである。現実の世界で、そのような[「ことば」というモノ]を使うコトによって、「法律の連続性」確保を試みたとして、「結果としてのどのようなコト」が手に入ったコトによって、「法律の連続性」確保が上手くいった、と考えるのであろうか。

4・1・Ⅱ

4・1　試行錯誤の実験工房　　129

「ことばの連続性」確保と「法律」

　大まかにいうなら、[「ことば」というモノ] は、一方では、ソレが使用される「その場」で、「共通した状態（として認識されるコト）」や「共通の対象（として認識されるコト）」を表現するモノとして存在し、機能している。しかし、同時に、[「ことば」というモノ] は、時間の経過や社会の変化に伴って、さらには、ソレが使用される「その場」においてさえ、「共通の対象（として認識されるコト）」を表現するものとしての安定性を揺るがすような環境に存在している。というコトから、常に変化している社会との関係で、[「ことば」というモノ] は、「ことばの連続性」確保に傾倒する。そうすると、先ほどみたコトとは「逆のようなコト」についても探求しなければならないコトになる。すなわち、ソレは、このような「ことばの連続性」確保というコトが、実際に存在している「法律」とどのようにかかわるコトになるのかについてである。大雑把ではあるが、原点に立ち戻るなら、[固定化された、もともとの「○○」というモノはない] というコトから出発して、次に、[しかし、「何らかの「△△」を備えたモノを指すモノとしての「○○」という表記が生まれる] というコトになり、しかし、そのような、一見、結論が出たようなコトでありながらも、それが、変化を繰り返している社会の中に存在している、というモノが、[「ことば」というモノ] であるというコトである。[「ことば」というモノ] 自体に備わった、このような「質」と、要請される事態としての「法律の連続性」確保との関係で見るなら、一見したところ、「連続性」の保たれているように見える「法律」が、一体、どのようなモノを手に入れたコトの結果として、そのような [「連続性」の保たれているように見えるというコト] を確証させるモノとなったのかが問われるコトとなる。

「ことば」を取り換えるというコト

　昭和16年の労働者年金保険法は、昭和19年の労働者年金保険法中改正法律（昭和19年・法律21號）によって、厚生年金保険法となった。その改正で、給付としての「結婚手當金」が創設された。それは、「被保険者タリシ期間三年以上ナル女子タル被保険者ガ婚姻シタルトキ又ハ被保険者ノ資格喪失後一年以内ニ婚姻シタルトキハ平均報酬月額ノ六月分ニ相當スル金額ノ結婚手當金ヲ支給ス但シ既ニ結婚手當金ノ支給ヲ受ケタル者ニハ之ヲ支給セズ」（51条の2）というものであった。この「結婚手當金」は現在（2018年）の「厚生年金保険法」には存在しない。厚年法は「この法律は、労働者の老齢、障害又は死亡について保険給付を行い、労働者及びその遺族の生活の安定と福祉の向上に寄与することを目的とする。」（第1条）としている。ここにある「死亡」を「婚姻」に取り替えて「この法律は、労働者の老齢、障害又は婚姻について保険給付を行い、労働者及びその遺族の生活の安定と福祉の向上に寄与することを目的とする。」としたらどうであろうか。「少子高齢化だから、なかなか、良い！！」となるかもしれないし、「？？？」となるかもしれない。もし、「？？？」となったとしたら、そうなった方たちをソノようにさせたのは、いったいは「何」なのだろう。「条文を知っているから？」、「現在の厚生年金保険法の趣旨を知っているから？」などなど、あるだろう。ところで、「ある法律」の「Aということば」を「Bということば」に取り換える、というコトはどのような出来事なのであろうか。このコトについては、政策のために「法改正」が行われたコト、という次元にとどまるべきではないであろう。確かに、「ことば」を取り換えるというコトによって法改正という手続きが行われたのだが、ソノ結果として生じたコトは、どのようなコトなのであろうか？

4・1　試行錯誤の実験工房　　131

［生き残る「ことば」］と［なくなる「ことば」］

　法律の条文の中に［「身体障害者」という「ことば」］は生き残っている。では、同じ「音」、「文字」である［「身体障害者」という「ことば」］によって、「対象となるヒト」とされるのは、制定当初（昭和24年）の時点と2018年では同じ「ヒト」なのであろうか。このコトについて、「制度的に概念が変わった」などと単純に考えるべきではないだろう。他方、［「精神薄弱者」という「ことば」］はなくなってしまった。では、かつて、［「精神薄弱者」という「ことば」］によって［「対象となるヒト」とされていたヒト］は存在しなくなったのであろうか。このコトについては、「「精神薄弱」という用語につきましては、知的な発達に係る障害の実態を的確にあらわしていない、あるいは精神、人格全般を否定するかのような響きがあり、障害者に対する差別や偏見を助長しかねないといった問題点が指摘されております。……」（［004／006］142－参－本会議－30号　平成10年05月27日）（山本正和氏発言）（国会会議録検索システム2016年12月13日アクセス）というようなコトから、「精神薄弱の用語の整理のための関係法律の一部を改正する法律」（平成10年・法律110号）によって、精神薄弱者福祉法（昭和35年・法律37号）から知的障害者福祉法への改正が行われた、と単純に考えるべきではないだろう。ここで重要なコトは、ある時点で創られた、ソレなりの、「体系性」や「普遍性」が、結果として、「連続性」や「非連続性」となって現象する、というコトである。このようなコトに［「ことば」というモノ］がどうかかわっているのかに接近するコトが、重要な作業である。どうしても避けられない作業は、要請される「制度の生命維持」と［「ことば」というモノ］との関係についての接近であったり、［制度の消滅と「ことば」］についての接近であったりする。

「ことば」の選択・配置・役割・機能
——（テーマの設定と扱う項目）

テーマの設定

　試行錯誤の実験工房を終えて、いよいよ、「再生産と消滅」・「連続性・非連続性」のワールドに入るコトになる。まずは、[「再生産と消滅」・「連続性・非連続性」というコト]が分かりやすい形で現れる[「社会保障関係法」の「改廃」]という場面を取り上げて、「ことば」の選択・配置・役割・機能を切り口にして入っていこう。ココでは、一見したところ、技術的なコトのように感じられるコトから、あえて、はじめるコトとなる。すなわち、きわめて技術的なコト（のように思われるコト）の中から、ヒントのような手がかりを見つけ出し、後に出てくる、少し抽象的なコトに入りやすい環境を整えるコトが、ここでのテーマである。[「ことばA」ではない「ことば」、ではない「ことば」]としての「ことばA」が選択されたり、「ことばA」が位置を変えたりする出来事が、結果として、どのようなコトにつながってゆくのか、というコトを介して、[「社会保障関係法」の「改廃」]に、[「ことば」というモノ]がどのようにかかわっているかに接近する。

> #### この章で扱う項目
> I　[「社会保障関係法」の「改廃」] と「ことば」
> II　[「社会保障関係法」の「改廃」] と「ことば」の選択
> III　[「社会保障関係法」の「改廃」] と「ことば」の配置
> IV　[「社会保障関係法」の「改廃」] と「ことば」の役割
> V　[「社会保障関係法」の「改廃」] と「ことば」の機能

［「社会保障関係法」の「改廃」］と「ことば」

　［「社会保障関係法」の「改廃」］は、「ことば」と深い関係がある。とりわけ、「改正」はそうである。単純な法改正を例として採り上げてみよう。「労働者年金保険法」（昭和16年・法律60號）が、昭和19年に「労働者年金保険法中改正法律」（昭和19年・法律21號）によって、「労働者年金保険法中左ノ通改正ス」とされ、その内容は、例えば、「第一條中「労働者年金保険法」ヲ「厚生金保険法」ニ、「死亡又ハ脱退」ヲ、「死亡、脱退又ハ婚姻」ニ改ム」としている。現代では、法律の改正が数多くの法律に影響を及ぼすコトになるコトから、コノときのように単純な話ではないが、基本は同じである。［婚姻という「語」］が加わったコノときに生じたコトは、単に、［婚姻という「語」が加わったコト］にとどまらず、「年金保険法」の役割にかかわるコトであった。そのような意味では、「廃止」も、実は、「法律」と［「ことば」というモノ］とかかわりを教えてくれるモノである。［「ことば」というモノ］によって私たちの目の前にあった「法律」が、「廃止」されるというコトは、形としての現象としては「文章」などが無くなる、というコトであるが、ソレまで存在していた「法律」で使用されていた「ことば」をすべてなくすわけではないし、［「ことばＡ」によって表現されてきた関係］そのものを「無」にするわけではない。ココで生じているコトは、［そのような「ことば」］を使用するな！！というコトに、決して、とどまるコトではない。「ある状態について表現する必要性がある」だとか、「ある状態について表現する必要性がなくなった」というようなコトと、［「ことば」というモノ］の有している「質」が深くかかわっている、というコトに気づくコトが大切である。

［「社会保障関係法」の「改廃」］と「ことば」の選択

　［「社会保障関係法」の「改廃」］にあたって、当初使用されていた「ことば甲」が、様々な事情によって、相応しいモノではなくなったという場合に、「ことばＡ」が良いのか、「ことばＢ」が良いのかという、［「ことば」というモノ］の選択がなされるコトがある。ところで、当初の「ことば甲」が「相応しいモノではなくなった」とは、どのようなコトなのであろうか。ここで皆さんに問うているコトは、例えば、「今のお尋ねの老人という言葉が持つ意味でございますが、これはいろんなニュアンスもあろうかと思いますが、私は余りこういう国語なり漢語なりの造詣はございませんけれども、聞くところによりますと、老という字は七十七という字につながるということで、喜寿というのと非常に関係の深い字でめでたいというふうな意味もあるやに聞いておりますが、それはそれといたしましても、また別な角度から受ける老人という言葉が必ずしもよいニュアンスのみを与えていないとも言われるわけでございますので、そういう意味においては今委員の御指摘の、この言葉をあるいは別な言葉に変えたらどうかというサゼスチョンはそれとして拝聴させていただきたいと思います。ただ、直ちに法律の名前を変えるというようなことにはまだならないと思いますので、今後ひとつ検討はさせていただきたいと考えております。」（［019／031］121－参－厚生委員会－6号　平成03年09月19日）（国務大臣　下条進一郎氏（当時）発言）（国会会議録検索システム 2018年4月4日アクセス）にみられるような［「ことば」の入れ替え］のコトではない。社会の変化との関係で、「表現する必要性があるとされるコト」が変容するコトと、存在している［「ことば」というモノ］が、ソレにいかにかかわっているのか、というコトに接近しなければならないのである。

4・2・Ⅱ

4・2　「ことば」の選択・配置・役割・機能　　135

[「社会保障関係法」の「改廃」]と「ことば」の配置

　「年金保険法」に関わる出来事として、昭和19年、それまで気づかれていなかった「婚姻」が、「老齢」、「廃疾」、「死亡」、「脱退」等と併存するコトとなった。この場合、「老齢、廃疾、死亡、脱退又ハ婚姻」なのか、あるいは、「婚姻、老齢、廃疾、死亡、又ハ脱退」なのか、更には「順序はどうでもよい」のか。実際には、「老齢、廃疾、死亡、脱退又ハ婚姻」となったのである。が、その、条文の中での「婚姻」というモノの置かれる位置は、立法に携わる人々のなした作業の結果である。では、条文を読む側からすればどうであろう。条文を読む側に提示されているモノは、「表現しようとする対象」を有している一つ一つの選択された「語」であり、配置された「語」である。そして、さらには、一つ一つの「語」を超えた「表現しようとする対象」を有する、「文章」となった「老齢、廃疾、死亡、脱退又ハ婚姻」が、その先に待ち受けている。そのようなコトから、条文を読む側にとっては、立法に携わる人々の意図したコトとは異なるコトが描かれるかもしれない。「年金保険法」に関わる条文として、現代の私たちが読むのであれば、①「老齢、廃疾、死亡、脱退又ハ婚姻」と、②「婚姻、老齢、廃疾、死亡、又ハ脱退」を、異なるモノとして理解するかもしれない。「異なる」といったのは、前者については、「人生で避けることができない出来事」を保険事故として、順次並べ、少し次元は異なるが、最後に、「婚姻」付け加えた」というようになるだろう。ソレに対して、後者については、「働いていたヒトが何らかの事情によって離職しなければならない出来事」を保険事故として、並列して並べたモノである、というようになるかもしれない。[選択された「語」]と、[それらの「配置」]は、一つ一つの「語」を超えた、「表現しようとする対象」を生み出すに至るのである。

［「社会保障関係法」の「改廃」］と「ことば」の役割

「全体のバランス」なんてあるのだろうか。いやだ！！と思うかもしれないが、あるのだろう。あるとしたら、その場合の「全体」とは「何」なんだろう。「バランス」とは「何」なんだろう。

［「社会保障関係法」の「改廃」］というコトが生じているコトは事実である。その際、具体的な一つ一つの「語」が取り替えられるコトもある。ココで考えてみるコトは、そのような具体的な「ことば」を手がかりとするモノではあっても、ソコにとどまるようなコトではない。くどい表現をするなら、ココで考えてみるコトは、［「ことば」というモノ］が、［「社会保障関係法」の「改廃」］という手続きの中でどのような役割を担うコトになるのかというコトについてである。最初の部分で、［「全体」とは「何」なんだろう。「バランス」とは「何」なんだろう］と書いたのは、そのようなコトに関係している。個々の「社会保障関係法」（＝全体）は、一つ一つの「語」が組み合わされた結果として表現されているモノである。そして、私たちが、トータルな「社会保障関係法」という具合に感じているモノ（＝全体）は、さまざまな「社会保障関係法」が組み合わされたモノとして成り立っているモノである。そのような中で、生じている［「社会保障関係法」の「改廃」］という出来事は、技術的には、［一つ一つの「ことば」］の入れ替えであっても、生じているコトは、ソレにとどまらないコトなのである。なぜなら、社会は常に変化し、［「ことば」というモノ］も常に変化しているからである。注意しなければならないコトは、社会が変化している結果として［「ことば」というモノ］も変化するという具合に、単純に考えないコトである。重要なコトは、［変化している「社会」］と［変化している「ことば」というモノ］の関係として、生じているコトを把握するコトである。

4・2 「ことば」の選択・配置・役割・機能　　137

［「社会保障関係法」の「改廃」］と「ことば」の機能

　［「社会保障関係法」の「改廃」］と「ことば」に関係する具体例として、例えば、「そして、特殊教育というのはいつごろから出てきたのかなと思って、ぱらぱらと見ましたが、これはどうも戦後のようでして、戦後、特殊教育と、そして今回の改正で初めて特殊教育から特別支援教育というふうに法律的な文言が変わってきたのだなということを思いながら、やはり障害を持って生まれてきた子、あるいは途中から障害を持つことになった子供さん、まあ大人の方もそうですけれども、そういう人たちが置かれてきた状況というのがこの言葉の変化だけでも分かるのではないかと思います。」（［002／008］164－参－文教科学委員会－8号 平成18年04月18日）（神本美恵子氏発言）（国会会議録検索システム2018年4月4日アクセス）というようなモノがあげられる。ここで表現されているコトは、社会の変化との関係で［「ことば」というモノ］が変化してきたというコトである。［「社会保障関係法」の「改廃」］自体が、社会の変化との関係で生じるコトであるが、それは、単に「ことばA」が「ことばB」に置き換えられるというコトではない。それ以上に深めなければならないコトは、「ことばA」が「ことばA」としてのみ存在するのではなく、ソノ「ことばA」を含む「全体」の中で、［「ことばA」というモノ］が意味を持つというコトについてである。「ことばA」「ことばB」「ことばC」……のそれぞれが、表現する対象を有していながらも、それらの「ことば」を配置した条文が「改廃」されるというコトは、［「ことば」というモノ］が、条文の中で、さらには、「社会保障関係法」の中で、条文の意味するコト、「社会保障関係法」の意味するコト、との関係で機能しているコトを教えてくれる。

［「ことば」の交換］と［新しい「意味」］
——（テーマの設定と扱う項目）

テーマの設定

　ある法律の、ある条文に存在している「ことばＡ」を「ことばＢ」に交換したとする。法改正で生じるコトではあるが、ソコでは、単なる［「ことば」の交換］にとどまらない、「何か」が生じている。では、いったい、どのようなコトが生じているのであろうか。単純化するなら、まずは、交換されるコトになる「ことばＡ」という［「ことば」を巡る議論］が、「ことば」を使用してなされる。ここでの「ことばＡ」を巡る「議論」は、通常は、私たちが日常的に使用している「ことば」を使用してなされる。従って、例えば、［「老人」という「ことば」］が、会話で使用されているような使用方法で使用されながら、同時に、［「老人福祉法」で使用されている「老人」という「ことば」］として使用される。そうすると、問題は、同じ「音」、同じ「文字」であるから、［その「老人」という「ことば」］は、同じ「対象」を指している、というコトになる、というコトなのか？というコトになる。そのようなコトについて、ここでは、「ことばＡ」が存在しているコト、そして、その「ことばＡ」が一つの条文の中に存在しているコト、を踏まえて考えるコトとなる。

この章で扱う項目

Ⅰ　［「表現したいコト」についての説明］と「ことば」
Ⅱ　［「ことば」を巡る議論］のための「ことば」
Ⅲ　［「ことば」を巡る議論］と［「ことば」の交換］
Ⅳ　［「ことば」の交換］による［条文の新しい「意味」］
Ⅴ　［条文の新しい「意味」］と［「ことば」の新しい「意味」］

［「表現したいコト」についての説明］と「ことば」

「表現したいコト」と、［そのために使用された「ことば」］との錯綜した関係は、「ことばA」が「（適切とされる）ことばB」に入れ替えられようとしている、まさに、そのような「時」の議論から感じ取るコトができる。例えば、「精神薄弱という用語は、フィーブルマインディドネスという英語の日本語訳であるというふうに承知いたしているわけでございます。こういう精神薄弱という用語につきましては、全く御指摘のように各界でいろいろな議論があるわけでございます。外国でも、先生今お話しのように、英語圏におきましては精神遅滞を伴った人とか、あるいは発達障害というような言葉で言われるようなこともございますが、しかしいまひとつぴったりこないというような感じが正直なところではなかろうかと思うわけでございます。……（中略）……それであらわされる対象というものが全く同じかどうか、なかなかいい言葉がないなというのが実は事実でございまして、私ども今後ともこの用語の問題、これは先生おっしゃるように用語の問題だということではなくて、大変大事な心の問題でもあろうというふうにも思うわけでございますので、関係者の御意見等も聞きながら勉強してまいりたい」（［009／022］118－参－社会労働委員会－2号　平成02年04月24日）（政府委員　古川貞二郎氏（当時）発言）（国会会議録検索システム2018年4月6日アクセス）に見られるように、①「ことばA」で表現してきた「表現したいコト」自体が変容したので、変容したコトに対応する「ことばB」で表現する、というコトなのか、②「ことばA」で表現できていた（と思っていた）コトが「表現したいコト」ではなかった（＝異なる意味に理解される）ので、「表現したいコト」を表現できる「ことばB」を使用して表現する、というコトなのか、錯綜している。

［「ことば」を巡る議論］のための「ことば」

　［「ことばＡ」を巡る議論］に使用される「ことば」はどのような位置を占めているのか。ここでは、「精神薄弱」という「ことば」を巡る議論を手掛かりにしてみよう。たとえば、「実は、十年ほど前からこの精神薄弱者、精薄という言葉が果たして適当なのかどうか、いろいろ議論をさせていただきました。これは、精薄というのをそのまま英語に直訳しますと、一つの言葉しかないわけでありますが、大変ひどいことになるわけであります。事実、障害を持つ御本人あるいは御家族あるいは関係者の皆さん方に大変不快な気持ちを与えておるものであります。同時に、このいわゆる精神薄弱という言葉からくる古いイメージ、これがためにいろいろな誤解を招いておるというふうなこともあるわけでありますし、しかも、昨年ですかJRの割引制度等の導入に見られるように、ここ数年、精神薄弱者の福祉の進展というのは目覚ましいものが実はあるわけであります。まさに新たなスタートを切った精神薄弱者福祉というふうな意味からも、この際、精神薄弱者という言い方、この用語を見直してはどうかと思うわけであります。」（［011／024］128－衆－厚生委員会－2号　平成05年11月09日）（山口（俊）氏発言）（国会会議録検索システム2018年4月6日アクセス）にみられるように、［「精神薄弱」という「ことば」］の位置は、「大変ひどい」、「大変不快」、「誤解」、「古いイメージ」という「ことば」で表現されるコトになる。気がつかれないコトかもしれないが、このような場合に、改められるコトが求められている［「ことばＡ」＝「精神薄弱」＝を巡る議論］のための「ことば」として、「まさに新たなスタートを切った精神薄弱者福祉というふうな意味からも……」という具合に、［「精神薄弱」という「ことば」］が使用されてしまうコトもある。

4・3　［「ことば」の交換］と［新しい「意味」］　　141

［「ことば」を巡る議論］と ［「ことば」の交換］

　「（何らかの）ことば」をめぐって「何らかの」議論がなされ、結果として、「ことばＡ」が「ことばＢ」に交換されるコトが生じるコトもある。ここで生じたコトは、「形」だけで見るなら、きわめて単純なコトである。例えば、精神薄弱者福祉法（昭和35年・法律37号）以降、法的に使用されていた「精神薄弱」＝「ことばＡ」という用語が、精神薄弱の用語の整理のための関係法律の一部を改正する法律（平成10年・法律110号）によって、現在の「知的障害」＝「ことばＢ」に交換されたコトが、ソレにあたる。一部を取り上げるなら、「精神薄弱という用語については、知的側面における障害の用語であるにもかかわらず、精神、人格全般を否定するかのような響きがあり、また障害者に対する差別や偏見を助長するおそれもあるため、用語の見直しが必要であるということが関係者の長年の要望であったこと、知的障害という用語については、このような知的機能の障害をあらわす言葉として適切であるという意見が関係団体等においてほぼ一致しており、広く一般にも普及定着していること、障害者施策を推進するためには、用語の見直しだけでなく、施策全般の見直しを行うことが必要であり、ノーマライゼーションの理念の実現に向けてさらに一層の努力が必要であること等であります。以上、衆議院厚生委員会における主な議論を御紹介いたしました。」（［004／024］143－参－国民福祉委員会－3号　平成10年09月17日）（委員長　尾辻秀久氏（当時）発言）（国会会議録検索システム2018年4月6日アクセス）というコトになるが、発言から読み取れるコトは、［「ことばＡ」を用いて表現できていたと考えられる「コト」］が、実は、「異なるコト」を表現してしまうコトになるので、対象を適切に表現できる「ことばＢ」に置き換えるというモノである。

［「ことば」の交換］による ［条文の新しい「意味」］

　［「ことば」の交換］は、ある条文の中の「ことばＡ」が「ことばＢ」にとってかわられるという次元のコトにとどまらず、結果としての［条文の新しい「意味」］の生成に関わるコトとなる。それにもかかわらず、［「ことば」の交換］というモノを、「障害者の概念の明確化」や「用語の適正化」というレベルにとどめてしまい、［かつて「ことばＡ」で表現できていたコト］の変化とは結合するモノではない、などと考える場合も多い。例えば、「今回の改正案を見てみますと、精神障害者の定義から「精神病者」の用語が消えておるわけであります。この定義規定の見直しは、精神障害者の概念の明確化と用語の適正化を図るもので、対象範囲の変更を伴うものでないという説明がありましたが、この改正で果たして従来言われておりました疾患、病態の範囲が不明確であるとか、あるいは誤解を招くおそれがあるということは全くなくなるのかどうかお伺いをしたい。」（［002／011］126－参－厚生委員会－13号　平成05年06月10日）（勝木健司氏発言）（国会会議録検索システム2018年4月7日アクセス）がソレに該当する。さらに、その発言に対しての、「特に、今日における医学上の用語に合わせて「精神疾患」という用語を用いることによって範囲を明確化するとともに、現場において誤解のないようにするようにしたものでございまして、今回の改正によりまして従来の定義規定の対象範囲を何ら変更するものではないわけですけれども、このことについて一般の国民の方を含めて誤解が生じることがないように法律において必要な疾患名を例示することにしたものでございます。」（［002／011］126－参－厚生委員会－13号　平成05年06月10日）（政府委員　谷修一氏（当時）発言）（国会会議録検索システム2018年4月7日アクセス）も、そのようなモノである。

4・3・Ⅳ

4・3　［「ことば」の交換］と［新しい「意味」］　　143

［条文の新しい「意味」］と ［「ことば」の新しい「意味」］

　ある条文の中の「ことばA」が「ことばB」にとってかわられる場合、ソレは、結果としての［条文の新しい「意味」］の生成に関わるコトとなる。そして、そのコトは、ソレにとどまらず、［「ことば」の新しい「意味」］を生成するコトと結合する。たとえば、「参考人の皆様方から、「少子高齢社会への対応の在り方について」のうち、生涯現役社会の推進について忌憚のない御意見をお述べいただきまして、調査の参考にさせていただきたいと存じます。」（［001／011］166－参－少子高齢社会に関する調査会－1号　平成19年02月07日）（会長　清水嘉与子氏（当時）発言）（国会会議録検索システム2018年4月7日アクセス）という発言に続く、「成功加齢という言葉があるんですね。エージングに成功するというんですね。年を取るというのはエージングですね。年を取る。ですから、高齢者というのは、年を取ることを差別することとして高いと。だから、この言葉を厚生省はやめて、もう一度新しい意味で、尊敬の意味の老を使ってほしい。日本には、老に悪い言葉を付けて老廃物とか老醜とか、さけへんに鬼ですね、嫌な言葉でしょう。そうでなしに、長老とか大老とか中老とかという言葉がいるんで、中国のいい老という言葉を受け継ぐために、ジ・エルダリーというふうに、英語で言えばジ・エルダリー・シチズン、そういうふうにして、日本語では新老人と言うんですね。ですから、新老人が、六十五歳以上でも、もう新老人であって、リタイアしないで仕事ができる、だから九十五になったら神様の老人にしようかと思っているんですがね。」（［001／011］166－参－少子高齢社会に関する調査会－1号　平成19年02月07日）（参考人　日野原重明氏（当時）発言）（国会会議録検索システム2018年4月7日アクセス）は、そのようなモノである。

「制度の生命維持装置」としての「ことば」
——（テーマの設定と扱う項目）

テーマの設定

　法改正などによって個別の制度的な変容を経ながらも、社会保障の制度は、トータルな意味での制度の維持を保っている。「ことばA」を「ことばB」に取り換えるという手続きは、社会保障関係法の「改廃」という、一見したところ、「より良い状態」を目指しての事柄のようであるが、じつは、ソレにとどまらず、トータルな意味での制度の維持を念頭に置いたモノでもある。できれば、「ことばA」を「ことばB」に取り換えたくはない。しかし、[「ことばA」を「ことばB」に取り換えるコト]によって、トータルな意味での制度の維持が可能となるのであれば、[「ことばA」を「ことばB」に取り換えるコト]は、むしろ、積極的になされるコトになる。その意味で、[「ことば」というモノ]は、「ある対象」に、「1対1」で対応する道具のようなモノではない。[「ことば」というモノ]は、その（具体的な）「ことば」が使用される「文」において、さらには、「法律」において、その（具体的な）「ことば」が陥りがちな、「1対1」を超えて、その（具体的な）「ことば」を含んでいる「全体」に密接にかかわるモノとして存在している。

> #### この章で扱う項目
> Ⅰ　「制度が維持されるコト」と「ことば」
> Ⅱ　「制度維持が困難なコト」と「ことば」
> Ⅲ　「制度維持の必要性」を説明するための「ことば」
> Ⅳ　「制度維持の役割」を担う「ことば」
> Ⅴ　「制度の生命維持装置」としての「ことば」

「制度が維持されるコト」と「ことば」

　「制度が維持されるコト」は、「ことば」とどのような関係にあるのだろうか。制度を構成している［「法律」や「規則」］等は、［「ことば」というモノ］によって表現されている。その部分に光を当てると、「制度が維持されるコト」は、＜［「法律」や「規則」］を表現している［「ことば」というモノ］＞の安定性が維持されているコトと密接につながっている、という関係にある、というように考えてしまうかもしれない。もちろん、そのような「答え」でも悪くないのだが、注意してほしいコトは、＜［「法律」や「規則」］を表現している［「ことば」というモノ］＞という部分についてである。すなわち、①＜［「法律」や「規則」］を表現している［「ことば」というモノ］＞という部分を、②＜［「法律」や「規則」］を表現している「ことば」＞という具合にしてしまわないコトが重要である。②の［「ことば」という部分］を［具体的ななんらかの「ことば」］としないのであれば、両者の表現は、もちろん、「同じである」ともいえるわけであるが、②の場合には、［「ことば」という部分］について、法律などで使用されている具体的な「ことば」を意味するような表現であるかのように理解されるコトも多い。したがって、たとえば、［ある具体的な「ことば」］について、［差別的な意味にもなるので使用しない方がよい「ことば」である］というような理解のもとで、一般化できないままに、［「制度が維持されるコト」と「ことば」］との関係を理解してしまうコトになる。［ある具体的な「ことば」］は、形の上では、①ソレ自体として、②条文の中に、③法律の中に、④制度全体の中に、存在するコトになるが、ソレにとどまらず、［ある具体的な「ことば」］は、［「ことば」というモノ一般］として存在する。そのコトが、［「制度が維持されるコト」と「ことば」］の接合点である。

146　　第4部　「再生産と消滅」・「連続性・非連続性」のワールド

「制度維持が困難なコト」と「ことば」

　「制度維持が困難なコト」が生じる場合、ソレは、「ことば」とどのような関係にあるのだろうか。このような「問いかけ」に対しては、たとえば、［制度を構成している「法律」や「規則」に使用されている「ことば」］が、［何らかの理由を付されて「好ましいものではない」とされる］というような、そのような場面をイメージして、何らかの解答をするコトになるのであろう。そのようなコトでも悪くはないのだが、その場合は、［ある具体的な「ことば」］を念頭に置いたコトになっており、一般性に欠けるコトが多い結果になる。

　順序はどれからでもよいのだが、以下のようなコトについての相互関係を念頭に置けば、［「制度維持が困難なコト」と「ことば」］について、一般性を確保しながら考えるコトができよう。ソレらは、①「制度維持が困難なコト」は、社会の変化との関係で生じるコトになる。②社会の変化との関係で、「ことば」は変化するコトになる。③「制度」は、「ことば」で表現される。④「（ある）ことば」は、［「ことば」というモノ］の「質」を有している、というようなモノである。①、②、③のことが現れるのは、④の結果であるが、私たちは、「制度維持が困難なコト」については、①と②を核にして理解し、③については、あまりにも当然のコトなので、それを絡ませて組み立てるコトは少ない。さらに言えば、④については、結論としての［「（ある）ことば」は、［「ことば」というモノ］の「質」を有している］を承認したとしても、「承認したコト」が、結果として、どのような思考と結合するのかがよくわからない。ひょっとしたら、④については、「承認するとしても、絡ませる必要はないのではないか」というコトになりそうである。実は、そうではなくて、ソコにこそ鍵があるのである。

「制度維持の必要性」を説明するための「ことば」

　20XX年、少し以前までは、「ことば」を入れ替えるだけで対応できていた（ように感じられていた）制度的なコトが、ソレだけでは対応できない状態となった。しかし、制度の廃止というコトまではしたくない政府は、何とか乗り切ろうと、「制度維持の必要性」を「ことば」を使用して説明していた。

　このようなシーンに出くわした皆さんは、①「制度維持の必要性」を説明するために使用される「ことば」が、②［「ことば」というモノ］というレベルで、③［制度を構成している「法律」や「規則」に使用されている「ことば」というモノ］と同様のモノである、というコトには、なかなか気づかない。もし、人々の意識の中にそのようなコトが浮かび上がるとしたら、ソレは、「事態」自体が意識されるに至ったトキである。例えば、「自立支援医療についてお伺いをしたいと思います。大臣、この法律の中で、彼らのサービス、福祉サービスの利用についていわば負担を、一方で一割負担という定率負担を導入しようとしておられます。私たちにとってみれば、それは応益負担以外の何物でもない、言葉が少し、定率負担という言葉でされておられるわけですけれども、これが何か彼らの、利用されているのだったら彼らも負担しなさい、それはある面、制度の維持をするという面では、そちらの面からいえばそうかもしれません。しかし、だけれども、彼らの今の生活状況からすれば余りにも酷ではないか。……」（［023／062］162－衆－厚生労働委員会－21号　平成17年05月13日）（園田（康）委員（当時）発言）（国会会議録検索システム2018年4月9日アクセス）というような、「定率負担」をめぐる発言は、先ほどの、①、②、③の関係を気づかせてくれるモノといえようが、「何」が「どうなのか」は、よくわからない。

148　　第4部　「再生産と消滅」・「連続性・非連続性」のワールド

「制度維持の役割」を担う「ことば」

　［「ことば」というモノ］は、［「音」や「文字」で表現するコトになる「対象」］との関係を「1対1」で完結させるというモノではない。それどころか、［「ことば」というモノ］は、「幅広いコトに対応できる能力」を備えており、常に変化している社会の中においても、（いちいち、「ことば」を取り換えなくても）その役割を果たすコトができるコトになっているモノなのである。その結果、社会が変化していたとしても、［「ことば」というモノ］で表現される制度を構成している［「ことば」というモノ］が、従来からの「制度」をうまく表現するという能力を発揮し、「ことば」にわざわざ手を加えなくても、「制度維持の役割」を担うコトになっている。①今述べたそのコトが、一般的なコトとしてあるというコトと、②「（何らかの）ことば」が「制度維持の役割」を担うコトになっている、というコトは、重複しているが、全面的な重複ではない。ここで扱う対象は、前者に該当するようなモノであって、［「制度」についての評価を表現するための「とても大切なモノです」というような「ことば」］のコトではない。さらには、「ことばA」があったので「制度維持」ができた、というような場合の「ことばA」でもない。［表現のために使用された具体的な「ことばA」］であっても、その「ことばA」は、常に、［「ことば」というモノ］であり続ける。典型的には、「法律」の「目的」に該当する箇所で使用されている具体的な「ことばA」が、［「ことば」というモノ］として、その役割を発揮するコトになる。具体的に言うなら、介護保険法第1条の［「国民の共同連帯」という「ことば」］は、具体的な「ことばA」としての役割というより、［「ことば」というモノ］としての役割を発揮するコトになる。

「制度の生命維持装置」としての「ことば」

　ここでは、［具体的な「ことばＡ」］が、「制度の生命維持装置」としての役割を果たしている、というようなコトに接近するのではない。その意味では、今まで述べてきたコトの繰り返しになるかもしれないが、接近する対象は、［「ことば」というモノ］が「制度の生命維持装置」である、というコトについてである。介護保険法は、その第１条で「……国民の共同連帯の理念に基づき介護保険制度を設け……」としているが、そこには、重要な、「国民の共同連帯」という「ことばＡ」が存在している。さらには、国年法第１条においても、「……老齢、障害又は死亡によつて国民生活の安定がそこなわれることを国民の共同連帯によつて防止し……」という具合に、「国民の共同連帯」という「ことばＡ」が存在している。それにとどまらず、高齢者の医療の確保に関する法律の第１条にも、「……高齢者の医療について、国民の共同連帯の理念等に基づき……」という具合に、「国民の共同連帯」という「ことばＡ」が存在している。このような現象は、「国民の共同連帯」という「ことばＡ」が、「ことばＡ」にとどまらずに、［「ことば」というモノ］としての役割を発揮する場面を、「わかりやすい形で」見せてくれるモノとなっている。繰り返しになるが、前にも述べたように、「ことばＡ」は、そもそも、「ことばＡ」にとどまらないで、［「ことば」というモノ］としての役割を果たすコトになる。その意味では、［「国民の共同連帯」という「ことば」］が、介護保険法にのみ存在していたとしても、このコトは同様である。しかし、先ほど見たように、［「国民の共同連帯」という「ことば」］は、介護保険法に限られるのではなく、［「制度の生命維持装置」としての「ことば」］として、国年法、高齢者の医療の確保に関する法律、にも姿を現す。

「制度の消滅」と「ことば」──（テーマの設定と扱う項目）

テーマの設定

　制度が消滅したとしても、制度を構成している［「法律」や「規則」］が［「ことば」というモノ］によって表現されているコトから、そこで使用されていた（具体的な）「ことば」（自体）をすべて消滅させない限り、「存在していたコト」は、何らかの形での「残像」となる。この「制度の残像」が、制度存否をめぐる議論で使用されてきた［「ことば」というモノ］とかかわっているコトに気づくコトは大切である。それ以上に、制度存否をめぐる議論で使用されてきた［「ことば」というモノ］が、実は、［「法律」や「規則」］を表現している［「ことば」というモノ］と同じく、［「ことば」というモノ］であるというコトに気づくコトは、大切である。ここで重要なコトは、①かつて使用されていた「ことばＡ」が、「制度Ａの消滅」によって存在しなくなったというコトと、②「ことばＡ」が「ことばＢ」に置き換えられたコトによって、かつて使用されていた「ことばＡ」によって表現されていた「コト」や「ヒト」は、存在しなくなったのか？というコトとを混同しないコトである。この章では、いわゆる「制度の消滅」を「ことば」を絡めて把握してみる。

> #### この章で扱う項目
> Ⅰ　「制度の消滅」と「制度の残像」
> Ⅱ　「消滅した制度」と「ことば」
> Ⅲ　［遺物となる「ことば」］と［生き残る「ことば」］
> Ⅳ　［遺物となった「ことば」］の居場所
> Ⅴ　制度の消滅と「ことば」

「制度の消滅」と「制度の残像」

　日本の年金制度は、拠出制を原則としている。しかし、かつて存在した「無拠出年金制度」は、①昭和34年の国民年金制度の発足の当時、福祉年金の受給権を得た高齢の人々への継続した給付、②「最低保障年金」というような、ある時期構想されていた財源を税とする制度、というような形で、[「制度の消滅」と「制度の残像」]というモノとして存在している。このコトは、例えば、「私自身はやはり、この最低保障年金、これが最適だと思いますが、ただ、合意を得るために、ではこれにこだわらずに議論するということも私はあってもいいと今は思っているところで、例えば、最低保障年金は移行期間が長いという御指摘でありますけれども、福祉で今の最低保障の機能を確保する、こういうやり方も検討に値するんじゃないか。かつて日本には、福祉年金という、最低保障機能、掛金は出さずに、年金額が少ない方に福祉的に年金を支給する制度がありました。実は今もあります。百歳前後の方に支給されておりますけれども。」（［001／029］192－衆－厚生労働委員会－2号　平成28年10月21日）（長妻委員（当時）発言）（国会会議録検索システム2018年4月9日アクセス）という発言にみるコトができる。ココにあるモノは、①［かつて存在していた（具体的な）「福祉年金」］についての表現に使用されていた［固有名詞的な「ことば」］が、②「保険料拠出」によらない所得保障の制度というモノを意味する［普通名詞的な「ことば」］としての役割を、同時に果たしているというコトである。すなわち、「ことばA」は、その「ことばA」を使用していた「制度の消滅」と同時に消滅するというようなモノではなく、「ことばA」が［「ことば」というモノ］であるというコトから、「制度の残像」（のようなモノ）を私たちに与えるコトになる、そういうモノである。

「消滅した制度」と「ことば」

　「先ず第一は私宅監置制度を廃止したことでありますが、私宅監置制度は先程の御説明でございましたように、精神病者監護法によりまして特定の者について合法化されたものであります。私宅監置制度を廃止するということは、言い換えますと精神病者襲（ママ：著者）護法を全面的に廃止するということになるのでございます。監護法によりますと、監護義務者は行政官庁の許可を受けまして、精神病者を私宅において監置する、いわゆる座敷牢にとじこめられることができるようになつておるのであります。この法案におきましては、長期拘束を必要とする精神障害者は、全部精神病院、精神病室、その他法律によつて認められておる収容施設にのみ収容することとし、私宅監置制度はいつさいこれを認めないということにいたしたのであります。」（［329／394］7－参－厚生委員会－25号　昭和25年04月05日）（法制局参事　中原武夫氏（当時）発言）（国会会議録検索システム2018年4月9日アクセス）という発言は、「旧いモノ」が「新しいモノ」に代わられるトキによくなされる。では、そうなった時点で、［「消滅」した「私宅監置制度」］によって「私宅監置」されていた人々はどのような存在として位置付けされるのであろうか。①そのようなヒトは、「私宅監置制度」によって「私宅監置」されていた人々なのであるから、制度がなくなったので存在しなくなった、②「精神病院、精神病室、その他法律によつて認められておる収容施設にのみ収容」される人々として存在し続けた、のいずれであるか、発言の「ことば」からは捉えにくい。さらに言うなら、［「長期拘束を必要とする精神障害者」という「ことば」］が、［「消滅」した「私宅監置制度」］によって「私宅監置」されていた人々のコトまでをも含んだモノとしてあるのかは掴むコトができない。

［遺物となる「ことば」］と［生き残る「ことば」］

　「保健師助産師看護師法」にみられる、「保健師」、「助産師」、「看護師」について、［遺物となる「ことば」］と［生き残る「ことば」］という観点からみてみよう。一時期存在していた「保健士」の「士」、「看護士」の「士」は、「文字」として「遺物」となってしまった。「保健士」の「士」、「看護士」の「士」が表現していた対象は、「保健婦」、「看護婦」が行っていた「業」を、男性が資格を手に入れて行う場合、その「業」を行うヒトに使用されるモノであった。それに対して、「助産師」は、「助産士」を経ることなしに、「助産婦」から「助産師」となったモノである。法改正にあたっては「この法律案は、保健婦助産婦看護婦法に定める資格の名称について、女子と男子とで異なっていることを改め、その専門資格をあらわすのに適当な名称とする等の措置を講じるものであります。すなわち、保健婦助産婦看護婦法に定められている資格のうち、その名称について、女子には「婦」を、男子には「士」を用いている資格につき、これを改め、「師」を用いて、それぞれ「保健師」、「看護師」及び「准看護師」とするとともに、これらにあわせて、助産婦につきましても、「助産師」とすることとしております。」（［018／018］153－参－厚生労働委員会－9号　平成13年11月27日）（委員以外の議員　清水嘉与子氏（当時）発言）（国会会議録検索システム2018年4月10日アクセス）と説明された。ココには、専門職とジェンダー、そして、「ことば」に関係するコトが横たわっている。「助産婦」以降、女性に独占されてきた「業」は、今日でも、実態は変わらないが、ソレに対して「助産師」という「ことば」が充てられている。結果として、「士」という「ことば」は［遺物となる「ことば」］となり、「師」という「ことば」は［生き残る「ことば」］となった。

［遺物となった「ことば」］の居場所

「ことばA」がほとんど死語の状態となったとしても、かつて「ことばA」で表現していたようなモノが、現代風に残存しているとしたら、「ことばA」を残して、現代風なモノを表現するコトとする、というコトもある。しかし、ココでは、［「ことば」と「対象」のせめぎ合い］が生じるコトとなる。例えば、「実は、カフェーというのも、辞書を引くと死語になっているんですよ、もう死んだ言葉になっているんですね。これは、大正時代、女給が接待して洋酒などを飲ませた飲食店と、こうなっているんですね。現在は死語ということになっているんです。要するに、現在はもう使われていない。それから、待合もカフェーも、使われていない言葉を使っているということがいかがなものかということについてお答えいただきたい。」［008／161］189－参－内閣委員会－14号

平成27年06月16日）（江口克彦氏発言）（国会会議録検索システム2018年4月10日アクセス）という発言に対しての「待合とかカフェーという用語でございますけれども、これは風営適正化法の制定当時から用いられているものでございます。今回の改正ではこの待合とかカフェー等の営業の範囲については何ら変更がございませんで、これにつきましては立法当初からございまして、むしろこれにつきましては、先生がおっしゃったような形態に類似したようなものが存在しておりますときに、要するに定義としてこの中に例示として置いておきませんと、そういうものが何か対象でなくなったかのような、そういう誤解を生じることがあろうかというふうに思います。」［008／161］189－参－内閣委員会－14号

平成27年06月16日）（政府参考人　辻義之氏（当時）発言）（国会会議録検索システム2018年4月10日アクセス）という発言がそのコトを示している。

4・5　「制度の消滅」と「ことば」　155

制度の消滅と「ことば」

　「今回の法律は、委員も御承知のように、らい予防法廃止と同時に、これまでの療養のそうしたものを維持継続するということ自体が非常に大きな柱になっておりまして」（［007／019］136 −衆−厚生委員会− 6 号
　平成 08 年 03 月 25 日）（菅国務大臣（当時）発言）（国会会議録検索システム 2018 年 4 月 7 日アクセス）。

　「正式の学名はらいなんですね。学会の名称も、日本らい学会だったり……（中略）……この正式学名とハンセン病という呼称とどういう関係になるのですか。これは、ハンセン病は通称として、あるいは厚生省はこれから公用語としてハンセン病を使う、こういう意味合いなんですか。」（同）（竹内（黎）委員（当時）発言）（国会会議録検索システム 2018 年 4 月 7 日アクセス）。

　「患者団体を初めとする関係者におかれましては、らいという病名を、当該疾病の原因となる細菌の発見者にちなんだハンセン病、こういうふうに改めることによりまして、これまでらいという言葉から連想されますさまざまな偏見でありますとか、あるいは患者の方々が実際に感じておられる不快感、こういったものを断ち切りまして正しい知識の普及を図っていこう、こういうふうに考えて、ハンセン病という言葉の普及、定着に努めてきたところであります。そこで、今回の法律の廃止を機に、法律上もハンセン病という言葉に改めまして、今後は行政的にはハンセン病というものを用いていく姿勢を明らかにしておるところでございます。また、学会のお話も出ましたけれども、学会において用いられております病名についても、来月、日本らい学会の総会が開かれまして、病名変更についての決議がなされる見通しである」（同）（松村政府委員（当時）発言）（国会会議録検索システム 2018 年 4 月 7 日アクセス）。

「再生産と消滅」・「連続性・非連続性」の
ワールドのための補足テーマ
——[「社会保障関係法」の「改廃」]と「ことば」——

[「言葉の定義の明確化」と「言葉の階層付け」]

　ユニバーサル社会の形成促進などという、極めて幅の広い表現方法
で、意見を求められたら、どのように発言しますか。このような「問い
かけ」をするにあたって、私が気にかけているコトは、皆さんたちの
「発言」の内容自体ではない。気にかけているコトは、「問いかけ」をさ
れた皆さんたちが、＜コレは「政策化」というコトに[「ことば」とい
うモノ]がどのようにかかわるコトになるか？＞というようなコトに関
係しているという具合に、少しでもなってもらえるか、というコトであ
る。具体的に見てみよう。「ただいまから国民生活・経済に関する調査
会を開会いたします。国民生活・経済に関する調査を議題とし、「真に
豊かな社会の構築」のうち、ユニバーサル社会の形成促進について参考
人から意見を聴取いたします。本日は、お手元に配付の参考人名簿のと
おり、東京大学先端科学技術研究センター助教授福島智君、三鷹市長清
原慶子君及び株式会社日立製作所デザイン本部長・国際ユニヴァーサル
デザイン協議会理事長川口光男君に御出席いただき、御意見を承ること
といたします」（[001／001] 159 −参−国民生活・経済に関する調査会− 2
号　平成 16 年 04 月 07 日）（会長　勝木健司氏（当時）発言）（国会会議録検索
システム 2018 年 4 月 7 日アクセス）というコトで、「ユニバーサル社会の
形成促進」について、参考人に対して意見が求められた。ソレに対し
て、国際ユニヴァーサルデザイン協議会理事長川口光男氏の発言は、
「それから、二番目の UD、ユニバーサルデザインの育成のための課題、
これも似たようなものだと思うんですけれども、これも一つには、ユニ
バーサルデザインと一口に言っても、今世の中には、これに周辺技術も

含めて、御存じだと思いますけれども、ユーザビリティーデザインでありますとかあるいはアクセシビリティーデザインでありますとか、いろんなその言葉も、我々専門、専門と言ったら変ですけれども、こういうユニバーサルデザインに取り組んでいる世界では言葉の乱立というのも一つございます。こういったものが行政の御指導で、例えば、言葉の定義を明確化するあるいはプラットホーム化する、それから先ほど言いましたいろんな言葉の階層付けもする、そういった整理をまず始めないと、バリアフリーとユニバーサルデザインというのは全くそうだと思うんですけれども、国民の皆様にはまず御理解を得られないんじゃないのかなというふうに考えております。」（〔001／001〕159－参－国民生活・経済に関する調査会－2号　平成16年04月07日）（参考人　川口光男氏（当時）発言）（国会会議録検索システム 2018年4月7日アクセス）というモノであった。この発言の中にはとても重要なコトが秘められている。ソレは、「バリアフリー」と「ユニバーサルデザイン」という個々の「（具体的な）ことば」で表現される対象自体の大切さは容認するとしても、それ以上に、大切なコトは、その「（具体的な）ことば」が、「政策化」にどのようにかかわってくるのかというコトを踏まえるなら、〔「言葉の定義の明確化」と「言葉の階層付け」〕が必要であるというコトである。そして、このコトは、「（具体的な）ことば」であっても、ソレは〔「ことば」というモノ〕の一つとして存在しているというコトを、私たちに気づかせてくれるコトとなる。

第5部

「抽象化」訓練のワールド
──［「社会保障関係法」の「抽象化」］と「ことば」──

第 5 部の全体像

「抽象化」訓練のワールド
——[「社会保障関係法」の「抽象化」] と「ことば」——

　次の第 6 部では＜「社会保障関係法」のワールド＞から＜「社会保障法」のワールド＞への突入を試みるわけであるが、そのような抽象的な「社会保障法」のワールドに突入する前に、ココ第 5 部の「抽象化」訓練のワールドで、準備を行う。では、なぜ、「抽象化」の訓練なのか。

　今、あなたが、例えば、「健康保険法」という具体的な法律の具体的な条文を読んでいるとしよう。あなたは、第 3 条に出てくる「この法律において「被保険者」とは、適用事業所に使用される者及び任意継続被保険者をいう。」という条文を読んでいる。そのときのあなたは、「健康保険法」の条文を、発声練習のように、ただ、音読するだけではなく、ひょっとしたら、条文を、「健康保険法」という、社会保障に関係する法律の条文として読んでいるかもしれない。そして、そのようなあなたが、次に、「国民健康保険法」という具体的な法律の具体的な条文を読んでいるとしよう。あなたは、第 5 条に出てくる「都道府県の区域内に住所を有する者は、当該都道府県が当該都道府県内の市町村とともに行う国民健康保険の被保険者とする。」という条文を読んでいる。ココでも、あなたは、発声練習のように、ただ、音読するだけではなく、条文を、「国民健康保険法」という、社会保障に関係する法律の条文として読んでいるかもしれない。

　あなたが読んでいた条文は、それぞれが、「発語」できるモノであるし、「文字」の配置されたモノである。あなたが、意識するか、しないかにかかわらず、それらは、「文字」の配置されたモノにとどまらず、[「社会保障に関係する法律」の条文] として、実際に、国の機関で作られたモノでもある。あなたは、そのようなモノとしてのモノを読んでいたのであるから、ひょっとすれば、あなたは、「目の前にある具体的な法律の条文」を、ソレにとどまらないモノとして、たとえば、[「社会保

障に関係する法律」の条文」］として読んでしまうコトになるかもしれ
ない。その結果、あなたの心の中で生じるコトは、「被保険者」につ
いていうなら、「制度が分かれているのだな」だとか、「ほとんどの国民が
医療保障の対象になるのだな」というコトになる。ところが、コノ「ほ
とんどの国民」というコトについては、条文のどこにも書かれていない
のにである。実際、日本の「社会保障関係法」は、「医療の保障」に関
しても、「所得の保障」に関しても、制度の縦割り状態と、横串された
モノとが並存した状態にあり、きわめて複雑である。そして、ソノよう
な複雑な状態は、ソレなりの理屈をつけられた経緯を踏まえた結果とし
てある。そうすると、具体的には［「ことば」というモノ］を使用して
なされる法的な経緯は、一方で、目の前の「具体的なモノ」を示しなが
らも、同時に、他方で、「抽象的なモノ」を示しているというコトにな
る。

第５部の具体的な構成

第１章　［「社会保障関係法」にみられる「主体」］の「抽象化」訓練
　　　　——「「主体」に関わる「ことば」］の「抽象化」

第２章　［「社会保障関係法」にみられる「出来事」］の「抽象化」訓練
　　　　——「「出来事」に関わる「ことば」］の「抽象化」

第３章　［「社会保障関係法」にみられる「関係」］の「抽象化」訓練
　　　　——「「関係」に関わる「ことば」］の「抽象化」

第４章　［「社会保障関係法」にみられる「責任」］の「抽象化」訓練
　　　　——「「責任」に関わる「ことば」］の「抽象化」

第５章　［「社会保障関係法」にみられる「意思」］の「抽象化」訓練
　　　　——「「意思」に関わる「ことば」］の「抽象化」

［「社会保障関係法」にみられる「主体」］の「抽象化」訓練
──［「主体」に関わる「ことば」］の「抽象化」──
（テーマの設定と扱う項目）

テーマの設定

　［「健康保険法」にみられる「主体」］とは、いったい、誰なのか。「労働者」なのか？「国民」なのか？具体的な条文を見てみよう。「この法律は、労働者の業務外の事由による疾病、負傷若しくは死亡又は出産及びその被扶養者の疾病、負傷、死亡又は出産に関して保険給付を行い、もって国民の生活の安定と福祉の向上に寄与するコトを目的とする。」（第1条）からみるならば、「労働者」というコトであろう。つぎに「国民健康保険法」である。というような手順で、以下は、先ほど「全体像」の箇所で述べたコトにつながる。ココでの個々の［「社会保障に関係する法律」の条文］は、そのような個別性を超える形で、「抽象化」された思考の中でも存在するコトになる。現実には、制度の縦割り状態と、横串されたモノとが並存した状態にあるとしても、「すべての国民」というようなコトを発言して、大きな誤りではないような状態が作り出されている。コノような［「主体」に関わる「ことば」］の「抽象化」が、結果として、［「社会保障関係法」にみられる「主体」］の「抽象化」となって現れる。

この章で扱う項目

Ⅰ　「社会保障関係法」にみられる「主体」
Ⅱ　［「社会保障関係法」にみられる「主体」］に関わる「ことば」
Ⅲ　［「社会保障関係法」にみられる「主体」］の相互関係
Ⅳ　［「社会保障関係法」にみられる「主体」］の「抽象化」
Ⅴ　［「主体」に関わる「ことば」］の「抽象化」

「社会保障関係法」にみられる「主体」

　「社会保障関係法」にみられる「主体」とは、どのような人なのであろうか。「一定の年齢以上の年齢となるコト」という、私たちがよく知っている「出来事」を手掛かりにしてみよう。この場合「高齢者」という「主体」が登場するコトになるが、そう単純ではない。民間の保険会社の老齢保険の場合は、契約の内容である一定の出来事が発生した場合に、契約（＝合意）によって定められた「人」が受給権を有するというコトとなる。一方、社会保障の場合は、誰が被保険者となるのかだとか、どのような場合にどのような給付がなされるのか、等のコトは、国民年金法というような「社会保障関係法」で定められている。日本の具体的な「社会保障関係法」の中核をなしているモノは社会保険に関する諸々の法律である。そのコトが「主体」についての話を面倒なモノにしている。その面倒なモノについて、もう少し具体的にいうなら、受給権を有するのは「必要性がある人」なのか、あるいは「保険料を負担した人」なのかという形で具体化するコトになる。「必要性がある人」なのか、「保険料を負担した人」なのか、というコトは実際の場面では錯綜するコトになる。例えば、①「Aさん」は、必要性があるにもかかわらず、「保険料を払ってないので権利がありません」という風にされてしまうかもしれない。②他方、「Bさん」は、払ってきたのに、「一定程度の所得があるので支給を停止します」（必要性がないから……）という具合にされてしまうかもしれない、という具合である。歴史的にみるなら、「社会保障関係法」にみられる「主体」は、たとえば流行病のように、「個人」が「私的扶養」にとどまりえなくなった場合に、その「個人」が、「社会的給付の主体」として顕在化するというようなコト（＝公共性）をきっかけとして出現するコトとなる。

［「社会保障関係法」にみられる「主体」］に関わる「ことば」

　［「社会保障関係法」にみられる「主体」］に関わる「ことば」を羅列するなら、「児童」、「老人」、「被保険者」等となる。話が複雑なコトにならないように、ココでは、現代日本での、「医療の保障」に関わる［「社会保障関係法」にみられる「主体」］に関わる［「被保険者」という「ことば」］に限定しておこう。しかし、コノ［「被保険者」という「ことば」］で表現されるモノには、「国民健康保険法」における「被保険者」、「健康保険法」における「被保険者」、「高齢者の医療の確保に関する法律」における「被保険者」等などが存在する。ということは、例えば、「都道府県の区域内に住所を有する者は、当該都道府県が当該都道府県内の市町村とともに行う国民健康保険の被保険者とする。」（国保法第5条）というコトからわかるように、「個々の法律」に見られる「被保険者」は、［「被保険者」という同じ「文字」］で表現されているものの、それらは「個々の法律」における「姿」となっているコトがわかる。このコトは、［同じ「文字」の「被保険者」という「ことば」］が層をなしているというコトを意味している。そして、［「被保険者」という「ことば」］に対応する形で、「医療扶助」を受ける［「被保護者」という「ことば」］が存在し、さらに、「健康保険法」の［「被保険者」という「ことば」］には、［「被扶養者」という「ことば」］が付着しており、これらが、「医療の保障」に関わる［「社会保障関係法」にみられる「主体」］に関わる「ことば」となっているコトがわかる。そうなると、具体的な「個々の法律」で使用されている「ことば」自体が階層化しているという、先程の［「被保険者」という「ことば」］についての、「個々の法律」での「姿」と同様のコトが、医療の保障の［「主体」についての「ことば」］についても生じているコトが分かる。

5・1・Ⅱ

　　　　5・1　［「社会保障関係法」にみられる「主体」］の「抽象化」訓練　　165

［「社会保障関係法」にみられる「主体」］の相互関係

　「被保険者」、「被保護者」、「被扶養者」というような、［「社会保障関係法」にみられる「主体」］は、個々の具体的な制度の中で、個別に存在している「主体」である。「医療保障関係法」でみるなら、これらの「主体」は、制度的には大きく二つに分けられて、①社会保険医療の「主体」と、②生活保護の「主体」となっている。前者の社会保険医療の「主体」は、さらに、A．被保険者という「主体」と、B．被扶養者という「主体」に分けられるコトになる。「主体」のこのような相互関係を、国民皆保険体制という具体的なコトとの関係で見るなら、まずは、「都道府県の区域内に住所を有する者は、当該都道府県が当該都道府県内の市町村とともに行う国民健康保険の被保険者とする。」（国保法第5条）とされ、しかし、「前条の規定にかかわらず、次の各号のいずれかに該当する者は、都道府県が当該都道府県内の市町村とともに行う国民健康保険の被保険者としない。」（同第6条第1項）とされ、具体的に、「生活保護法……による保護を受けている世帯（その保護を停止されている世帯を除く。）に属する者」（同第6条第1項第9号）であるコトによって、結果として、社会保険医療の「主体」と生活保護の「主体」との関係が創り出される。そして、ココで生じたコトは、被保険者という「主体」と被扶養者という「主体」についても同様に生じる。すなわち、まずは、国保法第5条により「当該都道府県が当該都道府県内の市町村とともに行う国民健康保険の被保険者とする」とされるが、先程述べた通り、一定の場合は適用除外とされるのである（同第6条第1項）。そして、健保法の「被扶養者」（第3条第7項）である場合、「健康保険法の規定による被扶養者」に該当するコト（国保法第6条第1項第5号）から、［「被保険者」と「被扶養者」という関係］は創り出される。

［「社会保障関係法」にみられる「主体」の「抽象化」］

　「被保険者」、「被保護者」、「被扶養者」というような、「社会保障関係法」にみられる様々な「主体」は、人々の意識の中で「抽象化」されるコトになる。例えば、「国がやはりある一つの制度をつくった以上、その制度のひずみからくることについては、まず国が一義的に責任を負いましょう。しかし、国だけではなかなか負い切れないということであれば、それはまた被保険者の人にも負っていただきましょうというのが、私は、こういう制度をこのままにしておく限りは、発想としてそうあるべきではないだろうか。ですから、私は、財政調整の問題についてのお話がいまありましたが、抜本対策というのなら、そういうひずみを残す暗い谷間と日の当たる部分ということではなくて、それがやはり全国民的な視野の上に立ってみて、だれもが納得をできるような公平な制度と仕組み、こういうものが抜本対策では取り上げられるのが筋道であって、そういう筋道をはずれて、誤まったそういう組織と機構を残したまで部分的な調整で糊塗するというのでは、私は、抜本的な対策にならないと考えるわけです。やはりこの医療保険の問題というのは、まず人道的な見地といいますか、あるいは国民としての権利が公平に保たれるというような立場を基盤にして考えていただいて、そのあとで財政問題をどうするか。やはり財政問題というのは、そういう基本的な問題の次の次元の問題としてこれを把握する必要があるんじゃないか、こういうふうに考えているわけです。」（［014／030］68－衆－予算委員会第三分科会－2号　昭和47年03月21日）（堀分科員（当時）発言）（国会会議録検索システム2018年4月7日アクセス）に見られるように、「被保険者」の上位に位置するような形で［「国民」としてという「抽象化」］がなされるコトになる。

［「主体」に関わる「ことば」］の「抽象化」

　「社会保障関係法」にみられる様々な「主体」が、人々の意識の中で「抽象化」される場合、［「主体」に関わる「ことば」］はどのようなモノとして存在するコトとなるのであろうか。「被保険者」や「被扶養者」というような「個々の法律」にみられる［「主体」についての「ことば」］は、ひょっとしたら、「国民」というような、（それらを統合するような）［より抽象化された「ことば」］となるかもしれない。例えば、「いま職域健康保険の被保険者そのものは一応十割給付で、一部負担が若干ございますけれども、家族は七割給付、こういうことになっております。国保は全部七割給付ということになっております。ところが、勤務員から見ますと、奥さんの病気も家計負担はみんな一緒なわけでございますから、したがってこれらはひとつ被保険者であろうと家族であろうと、国民としては給付の一体化を図っていくべきじゃなかろうか、かように考えておるわけでございますが、さて、その給付を、いま十割給付でできますかといいますと、なかなかこれは困難でございますので、したがって基本としては、家計に非常な負担のかかるようなものは、これは保険で全部見ていきまして、その他のもの、現在の所得の水準から見て、まあまあこの辺ならがまんできるなという低額のものは皆さんで負担をしていただくという基本的な考えで、給付率をどうすべきかということをいま考えている」（［011／030］84－参－予算委員会－15号　昭和53年03月20日）（国務大臣　小沢辰男氏（当時）発言）（国会会議録検索システム2018年4月7日アクセス）にみることができる［「主体」に関わる「ことば」］は、まずは、「被保険者」、「家族」という「ことば」であるが、ソレラは、「国民としては給付の一体化を図っていくべき……」にみられるような［「抽象化」された「国民」］という「ことば」となる。

［「社会保障関係法」にみられる「出来事」］の「抽象化」訓練——［「出来事」に関わる「ことば」］の「抽象化」——（テーマの設定と扱う項目）

テーマの設定

「医療保障関係法」の［給付の対象となる「出来事」］とは、いったい、何なのか。「傷病（自体）」なのか？「医療費の支出」なのか？健保法の具体的な条文を見てみよう。「この法律は、労働者の業務外の事由による疾病、負傷若しくは死亡又は出産及びその被扶養者の疾病、負傷、死亡又は出産に関して保険給付を行い、もって国民の生活の安定と福祉の向上に寄与することを目的とする。」（第1条）からみるならば、「傷病（自体）」というコトに近いモノと見える。しかし、健保法の110条が、被扶養者の疾病について「家族療養費」の支給として対応するコトになっており、再び、「傷病」なのか？「医療費の支出」なのか？という具合に、私たちを悩ませるコトになる。さらに悩ましいコトは、国保が、一人一人を被保険者としており（＝被扶養者というモノが存在しない）、その結果、「国保法」には、「家族療養費」という給付が存在しないコトである。そして、その国保が国民皆保険の基礎をなしている、というコトを踏まえると、「被扶養者の疾病」という「出来事」は複雑な位置にある。

この章で扱う項目

Ⅰ 「社会保障関係法」にみられる「出来事」
Ⅱ ［「社会保障関係法」にみられる「出来事」］に関わる「ことば」
Ⅲ ［「社会保障関係法」にみられる「出来事」］の相互関係
Ⅳ ［「社会保障関係法」にみられる「出来事」］の「抽象化」
Ⅴ ［「出来事」に関わる「ことば」］の「抽象化」

「社会保障関係法」にみられる「出来事」

　［「社会保障関係法」にみられる「（給付の対象となる）出来事」］は、「社会的対応が必要であるとされた出来事」である。それらの「（給付の対象となる）出来事」は、何らかの事情によって変化するモノであり、決して、固定的なモノではない。例えば、「傷病」に陥ったとしよう。そのコトについて、①［対応すべきは「傷病」に陥ったこと自体である］という具合いに、「社会保障関係法」が規定するのか、あるいは、②［「傷病」に陥ったことが原因となる支出］であるという具合いに、「社会保障関係法」が規定するのかは、当初から決まっているコトではない。その意味で、「何らかの出来事」の、A「どの部分」が、B「どのような理由」で、結果としての「社会的対応が必要であるとされた出来事」となるのかは、決して、当初より決められているモノではないし、固定的なモノでもない。したがって、一つのコトであるかのように扱われてきた「出来事」が、何らかの拍子に、複数の「出来事」であるかのように扱われ始めるコトもある。逆に、複数のコトであるかのように扱われてきた「出来事」が、一つの「出来事」であるかのように扱われ始めるコトもある。前者に当たるモノとして、例えば、「入院した時の食事の位置づけ」についての制度的対応＝「入院時食事療養費」の創設＝があるし、後者に当たるモノとして、例えば、「複数回にわたる療養の給付の、一部負担金の合算額」についての制度的対応＝高額療養費の創設＝がある。いずれにしても、ソノ「（単なる）出来事」が、具体的な当事者によってどのようなモノとして性格付けされるか、とは異なる次元で、制度的なモノとして、ソノ「出来事」は性格付けされるコトになる。ソノ制度的な対応について、私たちは、ある時は、「給付の拡大」と表現し、また、ある時は、「改悪」と表現している。

170　　第 5 部　「抽象化」訓練のワールド

［「社会保障関係法」にみられる「出来事」］に関わる「ことば」

　では、［「社会保障関係法」にみられる「出来事」］は、どのような「ことば」で表現されているのであろうか。羅列するなら、ソレラは、「疾病」、「老齢」、「障害」、「死亡」等となる。くどいようだが、これらは、いずれも、社会保障の給付の対象となる出来事を表現する「ことば」である。話が複雑なコトにならないように、ココでは、「国民年金法」などの、現代日本での「所得の保障」に関わる［「社会保障関係法」にみられる「出来事」］を表現している［「老齢」という「ことば」］に限定しておこう。「国民年金法」でいうなら、この［「老齢」という「ことば」］は、［「障害」という「ことば」］や［「死亡」という「ことば」］と並列的な位置を占めているモノであり、「給付」を受けるコトができる「出来事」の一つとしての地位を有している。ところが、これらの「老齢」、「障害」、「死亡」等が使用されるのは、「社会保障関係法」という「場」に限られたコトではない。というコトから、カフェでの会話で、「老齢」、「障害」、「死亡」等が並べられたとしても、その「場」で、ソレラが、「給付」を受けるコトができる「出来事」としての地位を手に入れるかは疑問である。さらに、たとえは、「老齢」という具合に、単独で使用されたら、［「老齢」という「ことば」］は、先程の３つ「ことば」が並列している場合よりも、一層、「自由なモノ」として（＝社会保障の給付の対象となる出来事に限定されないモノとして）存在するコトとなる。このように、「社会保障の給付」の「対象」となる「出来事」を表現するために使用される「老齢」、「障害」、「死亡」等という「ことば」は、「ある対象を表現する」という、極めて限定的な役割を果たしていると同時に、同じ「音」、同じ「文字」で、「特定し得ない対象を表現する」という、極めて幅の広い役割を果たしている。

［「社会保障関係法」にみられる「出来事」］ の相互関係

　先ほど見た［「社会保障関係法」にみられる「出来事」］に関わる「ことば」を併置して、［「疾病」と「老齢」］の相互関係と、［「老齢」と「障害」］の相互関係を見るコトとしよう。ちょっと待って‼ これは「ことば」の相互関係であって、「出来事」の相互関係ではないのではないか。あっ、そうか。なかなかよろしい。では、これらを「出来事」の相互関係として組みかえてみよう。［「病気という出来事」と「高齢という出来事」］と［「高齢という出来事」と「結果として何かが困難なという出来事」］。よし、できた。実は、コレからが大変なのだ。大変なのだと言ったのは、「出来事として」うまく表現できているか、というコトに関係しているコトではない。では、一体どういうコトなのか。たとえば、［「病気という出来事」と「高齢という出来事」］を採りあげてみよう。「病気という出来事」は、ソレが発生した後に、可能性として、「病気ソレ自体という出来事」に止まる場合と「病気でお金がかかるという出来事」に展開する場合とに分離する。そして、「高齢という出来事」は、「心身の具合がよくないという出来事」、「退職などによる所得の減少という出来事」、「交流が少なくなるという出来事」などなど、挙げればきりがない。しかし、「病気でお金がかかるという出来事」と「退職などによる所得の減少という出来事」は、もとはといえば、［「病気という出来事」と「高齢という出来事」］というところから排出されたモノである。［「社会保障関係法」にみられる「出来事」］は、このように、それぞれが異なる「出来事」であるかのように存在しているとしても、ソレラ複数の「出来事」が、例えば、「所得の途絶」や「支出の増大」という具合に、あたかも、一つの「出来事」であるかのようにまとめあげられるコトもある。

［「社会保障関係法」にみられる「出来事」］の「抽象化」

「抽象化」が生じる具体例を紹介して、［「社会保障関係法」にみられる「出来事」］の「抽象化」について、考えてみよう。例として採り上げるモノは、一人の高齢者Ａさんについての、「年金」と「雇用保険の給付」についてである。Ａさんは、長期にわたって保険料を負担しており、「老齢年金」についての支給要件を満たしている。そして、そのＡさんは、同時に、雇用保険に入っていたので、失業の認定を受けて「雇用保険の給付」を受けるコトができる立場にある。この場合、実際の制度がどうであるかは別として、考え方は、①それぞれの被保険者であったコトから、それぞれの給付を受けるコトができる。②たしかに、二つの制度で被保険者であったが、共に、所得の保障を行うモノであるから、片方で一定の金額になる場合は調整される、の二つがある。この②の場合が、［「社会保障関係法」にみられる「出来事」］の「抽象化」とかかわっている。すなわち、個々の、具体的な制度における「出来事」は、それぞれが「所得の保障の必要になる出来事」として、並列的に存在していて、一つが支給されると、（金額が十分であるか、否かは別として）「所得の保障の必要になる状態」ではなくなる、とみなされるというコトである。同様のコトは、病院などの窓口での一部負担金についての「高額療養費」についてもいえる。すなわち、一つ一つの一部負担金は、それぞれの（具体的な）療養の給付との関係で発生するモノである。従って、ソノママでは足し算になじむモノではないが、それらについて「支出」という「抽象化」が可能となれば、結果として、合算して高額になった場合は、「所得の保障の必要になる支出の増大」として位置づけされ、「高額療養費」が給付される、という制度である。

［「出来事」に関わる「ことば」］の「抽象化」

　［「出来事」に関わる「ことば」］の「抽象化」は、実態としての［「社会保障関係法」にみられる「出来事」］の「抽象化」と深くかかわっている。［「社会保障の給付」の「対象」となる「出来事」］を表現するために使用される［「老齢」、「障害」、「死亡」という「ことば」］は、制度的な意味での「ある対象を表現する」という、極めて限定的な役割を果たしていると同時に、同じ「音」、同じ「文字」で、「特定し得ない対象を表現する」という、極めて幅の広い役割を果たしている。このコトについて、［「死亡」という「ことば」］を採りあげて、もう少し深く入ってみよう。健保法は「被保険者が死亡したときは、その者により生計を維持していた者であって、埋葬を行うものに対し、埋葬料として、政令で定める金額を支給する。」（100条）としている。そして、国年法は「遺族基礎年金は、被保険者又は被保険者であつた者が次の各号のいずれかに該当する場合に、その者の配偶者又は子に支給する。」（37条）とし、ソノ一つとして「被保険者が、死亡したとき」（37条第1項第1号）をあげている。しかし、前者は、「健保法の被保険者の死亡」という脈絡で使用されており、後者は「国年法の被保険者の死亡」という脈絡で使用されているモノであって、それぞれは、それぞれの制度的な意味での「ある対象を表現する」という、極めて限定的な役割を果たしている。ところが、ソノ［「死亡」という「ことば」］は、同時に、「死亡」というモノについて、個々の制度の中での限定的な対象を意味するというような、ソノような「ことば」ではないコトも事実である。統合的に見るなら、［保険給付の対象となる「ことば」］という具合になる。このようなコトが、次々に生じる事態は、［「死亡」という「ことば」］が、［「ことば」というモノ］である限り、止めようがない。

［「社会保障関係法」にみられる「関係」］の「抽象化」訓練——［「関係」に関わる「ことば」］の「抽象化」——（テーマの設定と扱う項目）

テーマの設定

　［「社会保障関係法」にみられる「関係」］とは、どのようなモノであろうか。もう少し具体的にいうなら、「社会保険料」や「税」の負担とは、どのような意味を持っているモノなのであろうか、というコトからスタートするコトになる。なぜなら、Ａさんが負担・納付したモノが、結果として、必ずしも、Ａさんへの給付に結び付いていないからである。医療保険についていうならば、医療保険の制度は「ある期間保険料を納めたので受給できる」という構成をとっていない。ココにあるのは、商品の売買などを巡る関係とは異なる「独自の関係」である。しかし、年金（保険）でいえば、「関係」は、「自分が受給するため」に「ある期間保険料を納める」と説明されるかもしれない。そして、歴史的に見れば、年金（保険）や医療保険の創設時に、なぜ一部の人々だけが制度の対象者として選別されたのか？というコトが疑問になり、ココにあった「関係」は、「分断・排除」というコトになる。コレらのコトを念頭に置いて、［「関係」に関わる「ことば」］の「抽象化」について、探ってみる。

> #### この章で扱う項目
> Ⅰ 「社会保障関係法」にみられる「関係」
> Ⅱ ［「社会保障関係法」にみられる「関係」］に関わる「ことば」
> Ⅲ ［「社会保障関係法」にみられる「関係」］の相互関係
> Ⅳ ［「社会保障関係法」にみられる「関係」］の「抽象化」
> Ⅴ ［「関係」に関わる「ことば」］の「抽象化」

5・3　［「社会保障関係法」にみられる「関係」］の「抽象化」訓練　175

「社会保障関係法」にみられる「関係」

　社会保障の「負担」と「給付」というモノを巡る関係は、具体的な「社会保障関係法」では、どのようなモノとしてあるのであろうか。例えば、「負担」したので「給付」をするという考え方を、制度が前面に出すと、被保険者にとっての「保険料の負担」は、「分断・排除」という「関係」を創り出すコトになる。

　「医療の保障」についての、実際の医療保険ついてみるなら、「負担」した保険料の額と「保険給付」が接合していないコトから、制度によって、「連帯」という「関係」が創り出されているコトになる。とはいうものの、患者の一部負担金は、「医療にかかった人」のみが負担するコトから、一部負担金の制度は「分断・排除」という「関係」を創り出すモノとして位置づけされる。生活保護の医療＝医療扶助＝の財源としての「税」は、「連帯」させる機能が強いモノであるが、①「税によって給付される人々」と、②「税を負担している人々」とが、「分断・排除」される関係も生み出すコトになる。「所得の保障」については、年金（保険）でいうなら、「老齢」に関するモノは、「負担したコト」と「給付」は結びつきが強く、「障害」と「死亡（遺族年金）」に関するモノは、「負担したコト」と「給付」は結びつきが強くはない。すなわち、[[「分断・排除」と「連帯」]]という「関係」の枠組みで捉えるなら、年金（保険）の[[「負担」と「給付」]]というモノを巡る関係は、一般的に、「連帯」という「関係」を創り出す性格が強いモノとして位置づけされるが、「老齢」に関するモノは、「分断・排除」という「関係」を創り出す可能性を強く持っている、というコトもいえる。さらに、生活扶助（生活保護）については、[[「負担」と「給付」]]との関係は切断されているコトから、「分断・排除」という「関係」を創り出す可能性が強い。

［「社会保障関係法」にみられる「関係」］ に関わる「ことば」

　［「社会保障関係法」にみられる「関係」］というモノは、どのような「ことば」で表現されているのであろうか。ご存じの方も多いと思うが、幾つかの法律の「理念の部分」に見られる［「連帯」という「ことば」］以外では、個々の具体的な「社会保障関係法」には、「連帯」や「分断・排除」というようなコトに関わる「ことば」は見られない。では、［「関係」を表現している「ことば」］はないのであろうか。まず、医療保険でいうなら、国保法が「被保険者の疾病、負傷、出産又は死亡に関して必要な保険給付を行うものとする。」（第2条）、「市町村及び組合……は、被保険者の疾病及び負傷に関しては、次の各号に掲げる療養の給付を行う。」（第36条）、「保険者は、国民健康保険事業に要する費用……に充てるため、世帯主又は組合員から保険料を徴収しなければならない。」（第76条）としているコトからわかるように、このような「ことば」で、個々人の「負担」と「給付」を属人的に接合させていないという「関係」が表現されている。年金（保険）でいうなら、国年法が「国民年金は、前条の目的を達成するため、国民の老齢、障害又は死亡に関して必要な給付を行うものとする。」（第2条）、「老齢基礎年金は、保険料納付済期間又は保険料免除期間……を有する者が65歳に達したときに、その者に支給する。」（第26条）としており、［「関係」に関わる「ことば」］は、医療保険と類似している。しかし、他方で、保険料納付済期間の月数が480に満たない者については、「当該額に、次の各号に掲げる月数を合算した月数（四百八十を限度とする。）を480で除して得た数を乗じて得た額とする。」（第27条）、としているコトからわかるように、個々人の「負担」と「給付」を属人的に接合させているという「ことば」もみられる。

5・3・II

［「社会保障関係法」にみられる「関係」］の相互関係

　［「社会保障関係法」にみられる「関係」］を、「必要性のあるコト」、「負担」、「給付」の場面で見てみよう。「必要性のあるコト」について、制度が、「その個人の出来ごと」と位置付けするなら、そのコトとの関係で、［「負担するコト」もその個人のコト］とされるコトになる。逆に、「必要性のあるコト」について、「社会的な出来ごと」とする場合には、［「負担するコト」も社会的なコト］として位置づけされるコトになる。すなわち、［「関係」としての「連帯」］は、［「必要性のあるコト」と「負担したコト」］を、属人的に結びつけずに、［「必要性のあるコト」と「負担するコト」］を、共に総体としての社会的なコトとして制度の中でパッケージ化するコトによって作られる。ただし、「負担」を巡っては、［「関係」としての「分断・排除」］が鮮明になるコトがある。「あの人たちは、私たちが負担した税で生活している」という具合に、「負担」と「給付」を巡る立場を固定的なモノとして、「私たちは負担する人」で、「あの人たちは受給する人」というように位置づけするコトが、「関係」としての「分断・排除」を生み出すコトになる。「負担」の場面で、「関係」としての「連帯」が醸成されるのは、「負担している人」が同時に「受給」し、「受給している人」が同時に「負担」するというコトの制度化によってである。「給付」を巡る「関係」は、「給付」を受けている人々と「給付」を受けていない人々とが、互いに、ソノ自らの立場が、①固定的なモノであると考えるか、②いつでも立場が入れ替わるモノだと考えるか、によって生じるコトとなる。固定的なモノであると考える場合には、「給付」を巡って、［「関係」としての「分断・排除」］が生じるし、いつでも立場が入れ替わるモノだと考える場合には、［「関係」としての「連帯」］が生まれる。

［「社会保障関係法」にみられる「関係」］の「抽象化」

　社会保障として実施されているコトの基礎をなしているモノは、具体的な「社会保障関係法」である。ソコにみられる「関係」は、ソレラの、具体的な「社会保障関係法」にみられる個々の「関係」として止まってしまうモノなのであろうか。それとも、個々の制度における「関係」を超えて、「抽象化」されるモノなのであろうか。例えば、「医療保険」でいうなら、国民健康保険法をベースとした国民皆保険体制のもとで、それぞれの制度における「被保険者」、「保険料」、「給付」などは、個々の制度におけるソレにとどまらず、社会保険のソレという意味を前面に押し出す。更には、「医療の保障」でいうなら、「医療保険」に加えて、生活保護による「医療扶助」が存在する。結果として、「医療保険」にみられる［「関係」としての「連帯」］は、それぞれの制度内でのコトにとどまらず、「医療保険内のソレ」として「抽象化」され、さらには、「医療保険」の枠を超えた、＜［「医療保険」と「医療扶助」］内のソレ＞として「抽象化」されるコトとなる。ところが、国民健康保険法をベースとした国民皆保険体制によって作り上げられた［「関係」としての「連帯」］は、高齢者の医療の確保に関する法律における「後期高齢者という被保険者」の創設によって崩壊しつつある。なぜなら、「国民健康保険法をベースとした」というモノが、「前条の規定にかかわらず、次の各号のいずれかに該当する者は、市町村が行う国民健康保険の被保険者としない。」（国保法第６条第１項）とする適用除外の中に、「高齢者の医療の確保に関する法律（昭和五十七年法律第八十号）の規定による被保険者」（同条同項第８号）を含むコトとなったからである。具体的なこのコトによって、［「関係」としての「抽象化」］の進展は妨げられるに至った。

5・3・Ⅳ

［「関係」に関わる「ことば」］の「抽象化」

　先ほどみた「被保険者の地位」、「負担」、「給付」にみられる「関係」
は、例えば、「……老齢、障害又は死亡によつて国民生活の安定がそこ
なわれることを国民の共同連帯によつて防止し……」（国年法第１条）、
「……国民の共同連帯の理念に基づき介護保険制度を設け……」（介保法
第１条）、「……高齢者の医療について、国民の共同連帯の理念等に基づ
き……」（高齢者の医療の確保に関する法律第１条）にみられる［「国民の共
同連帯」という「ことば」］で「抽象化」されるともいえる。しかし、
この［「国民の共同連帯」という「ことば」］が、いずれも、「理念（的）」
な箇所で使用されている「ことば」であり、更には、健保法、国保法、
厚年法、生活保護法、には、このような形での［「国民の共同連帯」と
いう「ことば」］は存在しないコトを総合すると、＜［「国民の共同連
帯」という「ことば」］で「抽象化」されるというコト＞が揺らいでく
る。コレはいったいどのようなコトなのか。このコトの背景にあるの
は、それぞれの制度が、まずは、個々の制度内での「関係」というモノ
を強く有しており、ソレが、今日まで継続しているというコトであろ
う。従って、［「関係」としての「連帯」］が、個々の制度内での「関係」
という形で形成されているとしても、ソレを超える形での、［「関係」と
しての「連帯」］が形成されていないコトによって、そのような実態を
表現する「ことば」が、「抽象化」されたモノとして存在しない、とい
うコトになるのである。コレは、例えば、［「日本人」という「ことば」］
や［「フランス人」という「ことば」］はあるものの、［「抽象化」された
「ヒト」という「ことば」］が見つからないという状態なのである。

［「社会保障関係法」にみられる「責任」］の「抽象化」訓練——［「責任」に関わる「ことば」］の「抽象化」——（テーマの設定と扱う項目）

テーマの設定

　［「社会保障関係法」にみられる「責任」］とは、どのようなモノなのであろうか。もう少し具体的にいうなら、［「疾病」や「老齢」という出来事］について対応するコトになっている「社会保障関係法」は、［「責任」というコト］をどのように表現しているのであろうか、というコトになる。制度的な側面から述べれば、［「疾病」や「老齢」という出来事］とそれへの対応は、①［「私的な責任」と「私的な対応」］、②［「社会的な責任」と「社会的な対応」］とに、大別されるコトとなるが、「責任」という意味での、生じたコトと制度との関係は、「白か黒か」という具合に大別できるモノではない。ソノコトを踏まえたうえで、具体的な「社会保障関係法」にみられる「責任」について、「ことば」を手掛かりとしてアプローチし、それらの具体的なモノが、どのように「抽象化」されるのかを探るコトがココでのテーマというコトになる。

この章で扱う項目

Ⅰ　「社会保障関係法」にみられる「責任」
Ⅱ　［「社会保障関係法」にみられる「責任」］に関わる「ことば」
Ⅲ　［「社会保障関係法」にみられる「責任」］の相互関係
Ⅳ　［「社会保障関係法」にみられる「責任」］の「抽象化」
Ⅴ　［「責任」に関わる「ことば」］の「抽象化」

5・4　［「社会保障関係法」にみられる「責任」］の「抽象化」訓練　　181

「社会保障関係法」にみられる「責任」

　ココで考えるコトが分かりやすい形でみられるのは、「年金（保険）」関係の法律である。たとえば、国年法は「政府は、障害若しくは死亡又はこれらの直接の原因となつた事故が第三者の行為によつて生じた場合において、給付をしたときは、その給付の価額の限度で、受給権者が第三者に対して有する損害賠償の請求権を取得する。」（第22条第1項）、「前項の場合において、受給権者が第三者から同一の事由について損害賠償を受けたときは、政府は、その価額の限度で、給付を行う責を免かれる。」（同条第2項）としている。このコトからいえるのは、「老齢（という出来事）」については、「原因となつた事故が第三者の行為」によつて生じるというコトが有り得ないので、「障害（という出来事）」や「死亡（という出来事）」と区別しているというコトである。すなわち、保険給付の対象となる出来事とされているモノであっても、その出来事が、私的な責任とみなされるコトで生じたと考えられる場合には、保険者は給付をする責を免かれる、とされているのである。結果的に、そのような「私的な責任」とされない場合、「老齢」、「障害」、「死亡」等は、「社会的責任」で対応される出来事とされるコトとなる。このコトは、傷病という出来事についても同様であるし、要介護という出来事についても同様である。ただ、要介護という出来事については、介護保険法が、基本的立場を「加齢に伴って生ずる心身の変化に起因する疾病等により要介護状態となり」（第1条第1項）としているコトからわかるように、介護保険法は、小さいトキからの障害の状態にある人々や若い人の障害の状態については、対象外としており、ソレラのもとになった事柄について、制度は「私的な責任」と位置づけているという批判がなされている。

182　　第5部　「抽象化」訓練のワールド

［「社会保障関係法」にみられる「責任」］に関わる「ことば」

　各種の具体的な「社会保障関係法」が、その「責任」のありようについて、［「ことば」としての「社会的」］を使用しているわけではない。それにもかかわらず、私たちは、［「社会保障関係法」にみられる「責任」］について、「社会的」というような表現をしている。では、そのコトについて、具体的な「社会保障関係法」はどのような「ことば」を使用しているのであろうか。例えば、国保法は、「国民健康保険は、被保険者の疾病、負傷、出産又は死亡に関して必要な保険給付を行うものとする。」（第2条）とし、「市町村及び組合（以下「保険者」という。）は、被保険者の疾病及び負傷に関しては、次の各号に掲げる療養の給付を行う。」（第36条）としている。そして、「被保険者が、自己の故意の犯罪行為により、又は故意に疾病にかかり、又は負傷したときは、当該疾病又は負傷に係る療養の給付等は、行わない。」（第60条）とし、さらには、「保険者は、給付事由が第三者の行為によつて生じた場合において、保険給付を行つたときは、その給付の価額……の限度において、被保険者が第三者に対して有する損害賠償の請求権を取得する」（第64条第1項）等としている。コレらのコトから、被保険者の「疾病、負傷、出産又は死亡」という出来事が、「自己の故意の犯罪行為」や「第三者の行為」によって生じたモノではない場合に、という「ことば」で表現され、それが「市町村及び組合（以下「保険者」という。）は、被保険者の疾病及び負傷に関しては、次の各号に掲げる療養の給付を行う。」という「ことば」と結合して、結果として、わたしたちが、［「社会保障関係法」にみられる「責任」］について、［「社会的」と表現する「ことば」］となっているのである。

5・4・Ⅱ

5・4　［「社会保障関係法」にみられる「責任」］の「抽象化」訓練　　183

［「社会保障関係法」にみられる「責任」］の相互関係

　「傷病」、「老齢」、「要介護状態」などの「出来ごと」について、「社会保障関係法」は個別的に対応している。それらの個別的な対応において、「責任」はお互いにどのような関係にあるのであろうか。すべてを採りあげると大変なコトになるので、ここでは、［「傷病」という出来ごと］のみを採りあげてみよう。健保法は、「被保険者……の疾病又は負傷に関しては、次に掲げる療養の給付を行う。」（第63条第１項）として、ココでは、被保険者の［「傷病」という出来ごと］に「社会的」に対応するコトとしている。ところが、「第１項の給付を受けようとする者は、厚生労働省令で定めるところにより、次に掲げる病院若しくは診療所又は薬局のうち、自己の選定するものから受けるものとする。」（同条第３項）としているコトからわかるように、ココでは「第１項の給付を受けようとする者は」となっており、［「傷病」という出来ごと］についての「責任」は、必ずしも「社会的」という「姿」をみせていない。ところが、「保険者は、給付事由が第３者の行為によって生じた場合において、保険給付を行ったときは、その給付の価額……の限度において、保険給付を受ける権利を有する者……が第３者に対して有する損害賠償の請求権を取得する。」（第57条第１項）とし、「前項の場合において、保険給付を受ける権利を有する者が第３者から同一の事由について損害賠償を受けたときは、保険者は、その価額の限度において、保険給付を行う責めを免れる」（同条第２項）としており、さらに、「被保険者又は被保険者であった者が、自己の故意の犯罪行為により、又は故意に給付事由を生じさせたときは、当該給付事由に係る保険給付は、行わない。」（第116条）として、［「傷病」という出来ごと］についての「社会的」責任という「意味」を浮かび上がらせているのである。

［「社会保障関係法」にみられる「責任」］の「抽象化」

　社会保障として実施されているコトの基礎をなしているモノは、個々の具体的な「社会保障関係法」である。ソコにみられる「責任」の「姿」は、それらの、具体的な「社会保障関係法」にみられる個々の「姿」として止まってしまうモノなのであろうか。それとも、個々の制度における「責任」の「姿」を超えて、さらに「抽象化」されるモノなのであろうか。図式化すれば、「責任」の「姿」は、［「社会的」対「私的」］のように両極化したモノのように見え、それ以上の「抽象化」は不可能なモノのようである。しかし、もう少し複雑である。Ａさんに関わる固有名詞的な「出来事」は、次の段階では、個々の「社会保障関係法」にみられる「出来事」として扱われるコトになる。この段階では、［Ａさんに関わる固有名詞的な「出来事」］は、一度、制度的なモノとして「抽象化」されるコトになる。しかし、ココに止まらずに、［制度的なモノとして「抽象化」されたモノ］は、［個々の制度による固有名詞的な「出来事」］としての位置を手に入れる。さらに、［個々の制度による固有名詞的な「出来事」としての位置を手に入れたモノ］は、さらには、社会保障法という抽象的な法における「出来事」として、「抽象化」されるコトになる。このように、「出来事」は、それぞれの過程において、［「社会的」対「私的」］のように位置付けされるモノではある。しかし、その「出来事」は、「責任」というコトについて、当初から［「社会的」対「私的」］というように位置づけされているモノではない。［「社会保障関係法」にみられる「責任」］は、過程的に見るなら、①具体的なＡさんについての「傷病」（＝出来事）が、②［固有名詞的な「出来事」］にとどまらず、③「抽象化」される際の位置を表し、さらに、④［具体的な制度における「出来事」］が、「抽象化」される際の位置を表している。

［「責任」に関わる「ことば」］の「抽象化」

　「社会保障関係法」にみられる、具体的な「傷病」、「老齢」などについての［「責任」に関わる「ことば」］は、例えば、［「社会的」対「私的」］のような形で存在しているモノではない。存在している「ことば」は、例えば、健保法の「被保険者……の疾病又は負傷に関しては、次に掲げる療養の給付を行う。」（第63条第1項）や、「被保険者又は被保険者であった者が、自己の故意の犯罪行為により、又は故意に給付事由を生じさせたときは、当該給付事由に係る保険給付は、行わない。」（第116条）というような、［「する」と「しない」］というような形での「ことば」である。しかし、ココにおいて、［「する」と「しない」］という「ことば」が、そのまま［「社会的」対「私的」］に直結しているかといえば、そうではない。あえて言うなら、［「する」と「しない」］は、［「社会的」対「社会的とみなさない」］と結合しているのである。このコトは、「社会保障関係法」を基盤とした制度自体が、対象とする範囲の広狭はあるものの、その具体的な制度として、［「社会的」な給付を行うというコトになっている］というコトと関係している。個々の制度における、「責任」を意味するような、そのような［「する」と「しない」］という「ことば」は、そのレベルにおいては、自己完結的なモノであって、「固有名詞的なモノ」である。「そうなのか……」でとどめておいてよさそうなモノだが、さらに、［「責任」に関わる「ことば」］の「抽象化」というテーマを設定してしまった。その理由は、第6部において、「社会保障法」という［「抽象的」な「法」］に接近しなければならないからである。具体的な文字で表現された条文の中の［「する」と「しない」］という「ことば」による表現が、いかに「抽象化」されるか。コレは避けられない作業である。

［「社会保障関係法」にみられる「意思」］の「抽象化」訓練——［「意思」に関わる「ことば」］の「抽象化」——（テーマの設定と扱う項目）

テーマの設定

　［「社会保障関係法」にみられる「意思」］とは、どのようなモノであろうか。もう少し具体的にいうなら、このコトは、［「疾病」や「老齢」という出来事］を巡って、「社会保障関係法」は［「意思」というコト］についてどのように表現しているのであろうか、というコトになる。制度的な側面から述べれば、［「疾病」や「老齢」という出来事］とそれへの対応は、極論すれば、①［「本人の意思」にまかされている］、②［本人の意思を超えた「社会的な意思」によって対応される］とに、大別されるコトとなる。そして、②に見られるコトの多くは、「自由」ではなくて、「強制」というコトになりそうである。しかし、「意思」というコトで見る場合、［生じた「疾病」や「老齢」というような出来事］と制度との関係は、［「自由」か「強制」か］という具合に大別できるモノではない。結果としての［「自由」か「強制」か］というより、むしろ、「本人の意思」なのか、「社会的な意思」なのか、というような、「意思（というモノ）」を発揮するコトが許されている「主体」との関係で見るべきであろう。

この章で扱う項目

Ⅰ　「社会保障関係法」にみられる「意思」
Ⅱ　［「社会保障関係法」にみられる「意思」］に関わる「ことば」
Ⅲ　［「社会保障関係法」にみられる「意思」］の相互関係
Ⅳ　［「社会保障関係法」にみられる「意思」］の「抽象化」
Ⅴ　［「意思」に関わる「ことば」］の「抽象化」

5・5　［「社会保障関係法」にみられる「意思」］の「抽象化」訓練　　187

「社会保障関係法」にみられる「意思」

　「社会保障関係法」にみられる「意思」について、「障害」を例にとってみよう。例えば、身体障害者福祉法は、「この法律において、「身体障害者」とは、別表に掲げる身体上の障害がある18歳以上の者であつて、都道府県知事から身体障害者手帳の交付を受けたものをいう。」（第4条）とし、「身体に障害のある者は、都道府県知事の定める医師の診断書を添えて、その居住地（居住地を有しないときは、その現在地）の都道府県知事に身体障害者手帳の交付を申請することができる。」（第15条第1項）としている。要約するなら、もし、［申請して、認定されて、身体障害者手帳の交付を受けたなら、身体に障害のある者は「身体障害者」となる］というコトになっている。ところが、例えば、精神障害については、例えば、精神保健及び精神障害者福祉に関する法律（昭25年法123号）が「この法律で「精神障害者」とは、統合失調症、精神作用物質による急性中毒又はその依存症、知的障害、精神病質その他の精神疾患を有する者をいう。」（第5条）とし、同時に、他方で、「都道府県知事は、急速を要し、その者の家族等の同意を得ることができない場合において、その指定する指定医の診察の結果、その者が精神障害者であり、かつ、直ちに入院させなければその者の医療及び保護を図る上で著しく支障がある者であつて当該精神障害のために第二十条の規定による入院が行われる状態にないと判定されたときは、本人の同意がなくてもその者を第33条の7第1項の規定による入院をさせるため同項に規定する精神科病院に移送することができる」（第34条第3項）という具合に、一定の場合、「申請して……」というような「意思を介在させた」手続きを介さない場合もありうるコトになっている。

188　　第5部　「抽象化」訓練のワールド

［「社会保障関係法」にみられる「意思」］に関わる「ことば」

　各種の具体的な「社会保障関係法」は、「意思」のありようについて、どのような「ことば」を使用して表現しているのであろうか。このコトについての典型的なモノは、［「当然・強制」という「ことば」］と、ソレに対応する「任意」である。ただし、［「当然・強制」という「ことば」］や［「任意」という「ことば」］が、ソノママ使用されるコトはない。例えば、社会保険関係の「被保険者」について、健康保険法が、「この法律において「被保険者」とは、適用事業所に使用される者及び任意継続被保険者をいう。」（第3条第1項）という表現は「当然・強制」と「任意」に当たるし、「第1号被保険者……は、都道府県知事に申し出て、その申出をした日の属する月以後の各月につき、前条第4項に定める額の保険料のほか、400円の保険料を納付する者となることができる。」（国年法第87条の2第1項）という表現は「任意」に当たる。「意思」については、このように、［「当然・強制」という「ことば」］や［「任意」という「ことば」］ではなく、［「する」と「できる」］というような「ことば」によって表現されているのである。社会保険関係の「社会保障関係法」では、まずは、［「する」という「ことば」］によって、「当然・強制」という「社会的な意思」が表現され、ソレに対して、［「できる」という「ことば」］による「本人の意思」の可能性を開くコトとなる。しかし、社会福祉関係法や生活保護法では、この関係は逆である。たとえば、生活保護法の「申請保護の原則」（第7条）に見るコトが出来るように、「当然・強制」のような［「とする」という「ことば」］を使用するコトによって、「本人の意思」を前提的なモノとして表現しており、例外的なコトとして、「社会的な意思」が［「できる」という「ことば」］によって表現される形式になっている。

［「社会保障関係法」にみられる「意思」］の相互関係

　先ほどみたように、社会保険関係の法律であれば、原則は「社会的な意思」であり、例外的に「本人の意思」が認められる、という関係である。ところが、社会福祉関係の法律や生活保護法であれば、この関係は逆になっている。このような、「社会的な意思」と「本人の意思」とを巡る［「社会保障関係法」にみられる「意思」］の相互関係は、生活保護法における「権利」と「義務」との関係について考えるに際して、たとえば、生活保護法の「申請保護の原則」（第7条）と「職権による保護」（第25条）との関係をどのようなモノとしてみるのかというような場合、私たちを妙な感覚に陥らせる。では、なぜ、私たちは妙な感覚に陥るのであろうか。そのコトに関係するのは、多分、［「社会的な意思」＝「強制」］とし、［「本人の意思」＝「任意」］とする、という前提的図式であろう。面倒なコトは、［「社会的な意思」＝「任意」］とし、［「本人の意思」＝「強制」］とする図式が、「社会保障関係法」では描きにくいコトである。しかし、改めて考えると、ある時点での国民年金法に見られた被保険者の位置のように、［「社会的な意思」＝「任意」］というコトも存在していたのである。さらに、成り立ちにくいように感じる［「本人の意思」＝「強制」］というコトについても、「適用対象外であったコト」に対しての制度の拡大要求は、［「本人の意思」＝「強制」］というコトにつながってくる。このようなコトから見えてくるコトは、考える対象を、個々の具体的な社会的な制度とする限りは、結果として作られたモノが「任意」であれ、「強制」であれ、ソノ結果は「社会的な意思」である、というコトである。さらに、個々の具体的な社会的な制度を対象とする限りは、「本人の意思というモノ」の位置も「社会的な意思」というコトになる。

［「社会保障関係法」にみられる「意思」］の「抽象化」

　社会保障として実施されているコトの基礎をなしているモノは、個々の具体的な「社会保障関係法」である。ソコにみられる「意思」は、具体的な「社会保障関係法」にみられる個々の「意思」として、自己完結的に止まってしまうモノなのであろうか。それとも、個々の制度における「意思」を超えて、「抽象化」されるモノなのであろうか。結果は、個々の具体的な法律によって異なるが、「傷病」、「老齢」などについて、「社会保障関係法」にみられる「意思」は、図式的にみれば、「社会的な意思」と「本人の意思」という具合に二極化しそうである。しかし、具体的な「ことば」としてあるモノは、先ほどみたように［「する」と「できる」］である。ところが、個々の具体的な法律によって使用される［「する」と「できる」］は、当たり前のコトだが、個々の具体的な法律の中でのみ使用される「ことば」ではない。しかし、個々の具体的な「社会保障関係法」に見られる個々の具体的な対象が表現される場合、具体的に言うなら、「この法律において……とは」と表現されるように、対象としてのソレは、「富士山」というような「固有名詞」（的存在）である。しかし、「富士山」も「阿蘇山」も、「富士山」と「阿蘇山」でありながら、「山」である。この場合の「山」は、「抽象化」された表現である。であれば、個々の具体的な条文に含まれる、「固有名詞」（的存在）であるかのような［「する」と「できる」］は、それ以上の「抽象化」が不可能であるというコトからすれば、すでに「抽象化」されたモノなのであろうか。結論的にいえば、「老齢」や「障害」が「保険事故」として「抽象化」可能であるのに対して、具体的な条文に含まれる［「する」と「できる」］で表現される「意思」は、「固有名詞」（的存在）でありながら、同時に、「抽象化」されたモノなのである。

［「意思」に関わる「ことば」］の「抽象化」

　具体的な「社会保障関係法」にみられる［「意思」に関わる「ことば」］が、例えば、［「強制」対「任意」］のような「ことば」で存在しているコトは少ない。ごくわずかであるが、「保護の実施機関は、被保護者に対して、生活の維持、向上その他保護の目的達成に必要な指導又は指示をすることができる。」（生活保護法第27条第1項）についての、「第一項の規定は、被保護者の意に反して、指導又は指示を強制し得るものと解釈してはならない。」（同条第3項）というようなモノもある。もし、具体的な「社会保障関係法」にみられる「意思」に関わる「ことば」の多くが、例えば、［「強制」対「任意」］のような「ことば」で存在しているとすれば、それらの「ことば」は、例えば、［「意思」という（ような）「ことば」］で「抽象化」されうるコトとなる。しかし、実際に存在している「意思」に関わる「ことば」の多くは、例えば、［「する」と「できる」］というようなモノである。この［「する」と「できる」］という「ことば」は、ソレ自体が「ことば」として階層をなしているモノではないが、しかし、それらが使用されている「場」は、［「規則」の「場」］、［「法律」の「場」］、そして、［「抽象的な社会保障法」の「場」］である。すなわち、「名詞」の多くが、階層をなしているモノとして整理できるのに比して、「形容詞」や「動詞」という、表現される「対象」のありようや動きを表現する際の「ことば」は、それらが使用されている「場」の階層性とはかかわりなく、ソレ自体として、等位的なモノとして存在している。すなわち、［「する」と「できる」］というような「ことば」は、ソレ自体が有する［「位置的」質］との関係ではなく、［「規則」の条文という「場」］、［「法律」の条文という「場」］、というような、使用される「場」と深くかかわっているモノなのである。

［「抽象化」訓練のワールド］のための補足テーマ
——［「社会保障関係法」の「抽象化」］と「ことば」——

［「語」の意味］と［「条文」の意味］

　ここで、皆さんに、「疾病」という「語」を手掛かりにして、［「語」の意味］と［「条文」の意味］について、少し妙な問いかけをしようと思う。どういうコトかと言えば、ソレは、［「語」としての「疾病」の意味］と［「疾病」という「語」が含まれた「条文」における「疾病」の意味］についてである。そんなコト聞いてどうするのだ、というコトになりそうであるが、もう少し付き合って欲しい。『この本』のイントロにあった一部分を切り取って引用するので、ヒントにしてほしい。

＊　＊　＊

「使用するために選ばれる「語」と「配置」と「全体性」の具合」
「「スキー場」「男性」「日焼け」「歯」「白」「タバコ」「歯磨き粉」」
「単語を一つ変えてみましょうか」
「「病室」「男性」「日焼け」「歯」「白」「タバコ」「歯磨き粉」」
「いいぞ、そのまま順番を入れ変えろ！！」
「「日焼け」した「病室」で「タバコ」を吸っている顔の「白」い「男性」の「歯」に残された「歯磨き粉」？？？」

＊　＊　＊

　ヒントになったかどうかは怪しいが、つづけるコトとしよう。健康保険法は「この法律は、労働者の業務外の事由による疾病、負傷若しくは死亡又は出産及びその被扶養者の疾病、負傷、死亡又は出産に関して保険給付を行い、もって国民の生活の安定と福祉の向上に寄与することを目的とする。」（第１条）としている。ここで、［「語」としての「疾病」］と［「労働者の業務外の事由による疾病、負傷若しくは死亡又は出産及びその被扶養者の疾病、負傷、死亡又は出産」という脈絡で使用されて

いる「疾病」］とは同じなのか、というコトを気にかけてみよう。

　私たちは、「概念」と称したり、「意味」と称したりして、［「語」としての「疾病」］について、理解したり説明したりする。さらには、数多い自分の経験を振り返って、［記号としての「疾病」］を、「講義を休むコトができる出来事」というように描いているかもしれない。ところが、辞書の「疾病」には、「講義を休むコトができる出来事」というような記述はほとんどみられない。そのような［「語」としての「疾病」］が、健康保険法の第１条に２回も出てくる。では、健康保険法の第１条に存在している［「語」としての「疾病」］について、皆さんは、「講義を休むコトができる出来事」というような意味での、［記号としての「疾病」］を描けるだろうか。描ける‼️という方もいるかもしれないが、まあ、「いない」という具合にして進めよう。では、なぜ、「いない」のだろうか。その理由は、皆さん方が、健康保険法の第１条に存在している［「語」としての「疾病」］に対して、［「語」としての「負傷」］や［「語」としての「死亡」］と同じように、［保険給付の対象となる出来事の一つを表している「語」］という具合に、ソノ位置を与えているからである。ソコにあるのは、［「語」の意味］と［「条文」の意味］である。そうすると、先ほどの「この法律は、労働者の業務外の事由による疾病、負傷若しくは死亡又は出産及びその被扶養者の疾病、負傷、死亡又は出産に関して保険給付を行い、もって国民の生活の安定と福祉の向上に寄与することを目的とする。」という条文についていうなら、この条文が有している意味は、①［「労働者の業務外の事由による疾病、負傷若しくは死亡又は出産及びその被扶養者の疾病、負傷、死亡又は出産」］という具合に、この条文についての説明が、［「疾病」「負傷」「死亡」「出産」というような「ことば」の連続的な組み合わせでなされるコトになるという部分と、②この条文の中で、「そのほかのことば」ではなく、なぜ「そのことば」が使われたのか、というコトから見なければならない、というコトになる。

［「語」の意味］と［「条文」の意味］について、さらに言うなら、「条文」にみられる［「A」は「B」である］という形態の表現には、①［「説明・言い換え・事実の確認」的なモノ］と、②何かが実現されることになるというような［「約束」的なモノ］・［「義務」的なモノ］の、二つのモノがセットになって盛り込まれていることに気づくコトも重要である。前者に当たるモノは、「この法律において「共済組合」とは、法律によって組織された共済組合をいう。」（健康保険法第3条第10項）であり、後者に当たるモノは、制定当初の健康保険法の「健康保険ニ於テハ保険者ガ被保険者ノ疾病、負傷、死亡又ハ分娩ニ關シ療養ノ給付又ハ傷病手當金、埋葬料分娩費若ハ出産手當金ノ支給ヲ爲スモノトス」（第1條）にみられるようなモノがその例である。

　さらに注目しなければならないコトは、「語」としてのA（傷病）とB（貧困）とC（相互扶助）が組み合わせられた結果として、甲（なすべき人々）、乙（なすべき事柄）、そして、丙（範疇からはみでる人々）、丁（なすべきでない事柄）等が生産されているというコトについてである。すなわち、これらのコトの結果として、［「人々」が一般的になすべきコト］の提示と同時に、［「ある場面での」なすべきコト］が提示されるのである。

　そして、このコトを、もう少し一般化しながらみるならば、［一つの概念の変化が他の概念の変化を引き起こすというような関係の中で「ことば」自体が存在している］というところにたどり着くコトとなる。「例」として、「健康保険の位置」を取り上げてみよう。制定当初の健康保険法には、条文上の「基本理念」は存在しなかった。条文上、制定当初は存在しなかった「基本理念」が、「健康保険制度については、これが医療保険制度の基本をなすものであることにかんがみ、高齢化の進展、疾病構造の変化、社会経済情勢の変化等に対応し、その他の医療保険制度及び後期高齢者医療制度並びにこれらに密接に関連する制度と併せてその在り方に関して常に検討が加えられ、その結果に基づき、医療

保険の運営の効率化、給付の内容及び費用の負担の適正化並びに国民が受ける医療の質の向上を総合的に図りつつ、実施されなければならない。」（第2条）という表現で、今日では存在している。健康保険法の中での「被保険者」や「保険事故」という、制度内での「固有名詞的な存在」が、例えば、コノ「基本理念」が存在するコトによって、「普通名詞的な存在」に移行するコトになるのである。

第 6 部

＜「社会保障関係法」のワールド＞から ＜「社会保障法」のワールド＞への突入

──異相空間での「ことば」の選択・配置・役割・機能──

第 6 部の全体像

＜「社会保障関係法」のワールド＞から＜「社会保障法」のワールド＞への突入——異相空間での「ことば」の選択・配置・役割・機能——

　いよいよ、第 6 部。具体的な「社会保障関係法」のワールドから「社会保障法」のワールドへの突入を試みて、観念的に抽象化されたモノとしての「社会保障法」がどのようなモノであるかについて接近するコトになる。「何」を「どうすれば」よいのか、全く、といってもよいくらいわからないので、まずは、「実験工房」で突入準備を実施するコトになる。

　そして、次の段階では、複数の［「具体的な場」に存在する「ことば」］に第三項を設定するようにして「抽象化」を試み、［「具体的な場」に存在する「ことば」］に内在している、抽象化促進の「ことば」に着目して、①具体的な＜「社会保障関係法」のワールド＞と、②抽象的な＜「社会保障法」のワールド＞という、異相空間相互間での「ことば」の関係についてみることになる。

　さらに、次の第 3 章では、具体的な＜「社会保障関係法」のワールド＞から、抽象的な＜「社会保障法」のワールド＞に突入する際に避けることのできない、［「抽象化」というコト］のための「逆引き辞典作成」にチャレンジすることになる。ここでの目的は、①［「表現したい対象」についての「表示」］と、②［それ当てられる「ことば」の選定］、との関係を、具体的なモノとして理解してもらうというモノである。すなわち、ここで、避けたいコトとされているのは、既に出来上がっている関係を是認するような、既存の「ことば」を説明する「用語辞典」というようなモノである。逆に、［「表現したい対象」についての「表示」］にエネルギーを費やすコトによって、［「ことば」と社会保障法］という、『この本』が目指しているコトの意図が、明確化されるコトとなる。

　第 4 章では、いよいよ、抽象的な＜「社会保障法」のワールド＞への

突入というコトになるが、突入の手助けをしてくれるモノは、[「主体」・「出来事」・「給付」・「費用」・「空間」] という、「社会保障法」の法的な独自性を表現しやすい「場」に関係する「ことば」である。それらの「場」における「ことば」が、法的な独自性をどのように果たしているのか、が検討される。

　最終の第5章では、抽象的な＜「社会保障法」のワールド＞への突入の最終段階というコトになるが、ここで「力」を発揮するモノが、「社会保障法」の法的な独自の「ありよう」を把握させてくれる [「関係」・「責任」・「意思」・「現象の形態」についての「ことば」] である。

　以上の作業を手掛かりとして、困難で、長かった、私たちの試みが終わることとなる。果たして、どうなることやら。

第6部の具体的な構成
第1章　実験工房
第2章　＜「社会保障関係法」のワールド＞と＜「社会保障法」のワールド＞──異相空間相互での「ことば」の関係
第3章　抽象化のための逆引き辞典作成
第4章　＜「社会保障法」のワールド＞への突入──[「主体」・「出来事」・「給付」・「費用」・「空間」についての「ことば」]
第5章　＜「社会保障法」のワールド＞への突入──[「関係」・「責任」・「意思」・「現象の形態」のありようについての「ことば」]

実験工房——(テーマの設定と扱う項目)

テーマの設定

　＜「社会保障関係法」のワールド＞に止まるコトなんぞ不可能なことなのだ、というと、少し大げさになるが、ソレに近いように思われる。例えば、私たちが、目の前に「具体的条文」を置いて読んでいるとしても、ソレは「対象としての文字を読んでいる」だけではなく、「条文という形で表現されたコトの意味に接近している」からである。すなわち、「読んでいる私」は、現に、ココに存在するが、「ソコでの私」は、同時に、頭の中で、「もう一人の私」として、「アレは……」という具合に、異なる世界にいるのである。そのコトを前提にして、ココでは、あえて、＜「社会保障関係法」のワールド＞にいる私たちを起点として、＜「社会保障法」のワールド＞への突入という図式化された舞台を設定してみた。[「ことば」というモノ]を手掛かりとして、[具体的な「社会保障関係法」]と[抽象的な「場」としての社会保障法]との関係解明にチャレンジし、＜「社会保障法」のワールド＞への突入を準備する。

この章で扱う項目

Ⅰ　＜「社会保障関係法」のワールド＞から＜「社会保障法」のワールド＞への突入とは

Ⅱ　＜「社会保障関係法」のワールド＞に止まるコトの困難性

Ⅲ　＜「社会保障関係法」のワールド＞から＜「社会保障法」のワールド＞への突入準備

Ⅳ　＜「社会保障関係法」のワールドの「ことば」＞と＜「社会保障法」のワールドの「ことば」＞

Ⅴ　[具体的に存在する「ことば」]と[「抽象的な場」の「ことば」]

6・1

6・1　実験工房　　201

＜「社会保障関係法」のワールド＞から ＜「社会保障法」のワールド＞への突入とは

　具体的な「社会保障関係法」のコトについて、私たちは、どのように
して「わかっているコト」なんていえるコトになっているのだろう。
「条文を読んだり」、「参考書を読んだり」というコトであろうか。ソレ
に近いかもしれないが、「わかっているコト」は「読めるコト」や「覚
えているというコト」とも違う。もう少し、奥に入ってみよう。[「活字
を読む」、「音読する」] というコトは、「わかっているコト」とどこで接
合するのであろうか。もう少しいうなら、ここで気にかけているコト
は、[たまたま、その「音」、たまたま、その「文字」、の「ことば」を
使用して表現されている「(ソノ) 条文を読む」というコト] が、[「条
文の全体」の「内容」を「わかっているコト」] と、どのようにして接
合するのであろうか、というコトである。じつは、このような妙な問い
かけが、＜「社会保障関係法」のワールド＞から＜「社会保障法」の
ワールド＞への突入と関係している。問いかけたいコトは、[具体的な
「健保法」にある「被保険者」のコト] を [「どのようなコト」として]
捉えているのであろうか、というようなコトについてであるし、その
[「どのようなコト」として] というのは、どこから出てくるモノなので
あろうか、というようなコトについてである。私たちは、[「被保険者」
という具体的な「ことば」] を知らなくても、「表現したい対象」のコト
を、たとえば、A「○○のような場合に」、B「△△という義務を負い」、
C「××という権利を有する」、D「人のコト」というようにして、描
くことはできる。そこにあるのは、「被保険者とは▲▲である」とい
う、説明のようなモノではなく、①「表現したくなる対象」の存在であ
り、②「対象」のコトを「抽象化」するという手続きである。

＜「社会保障関係法」のワールド＞に止まるコトの困難性

　前のページで見たコトとの関係でいうなら、＜「社会保障関係法」のワールド＞に止まるコトは、ソレ自体、極めて困難なコトとなる。例えば、「この法律において「被保険者」とは、適用事業所に使用される者及び任意継続被保険者をいう。ただし、次の各号のいずれかに該当する者は、日雇特例被保険者となる場合を除き、被保険者となることができない。」（健保法第３条）と書かれた条文（＝文章）の理解は、「あー、そうなのか」でとどまっていてはなされないからである。すなわち、条文（＝文章）を理解するために必要になるコトは、例えば、［具体的な「健保法」］にとどまらない、［名詞としての「被保険者」］についての前提的知識であったり、［「適用事業所」というコト］についての、［具体的な「健保法」］にとどまらない前提的知識であったりする。すなわち、［具体的な「健保法」］に存在しているコトを、あなたの「何らかの前提的知識」によって、あなたの理解枠組みの中で「落ち着いたモノ」とするわけである。結果として、「それは正しくない理解である」というコトになっているかもしれない。このコトを総合するなら、①「現実のあなた」は、一方で、健保法の具体的な条文を読みながらも、②同時に、対象としての［具体的な「健保法」］のコトを、［具体的な「健保法」］にとどまらずに、あなたの持っている前提的知識を駆使して、言い換えれば、［「現実の条文」と「前提的知識」］を瞬時に往復しながら、③「理解したという状態」に、自分を置いているのである。このコトからいえるコトは、＜「社会保障関係法」のワールド＞に止まるコト自体が極めて困難である、というコトである。極論するなら、＜「社会保障関係法」のワールド＞に止まるコトは、「読めるコト」や「知っているコト」にすぎないコトであり、「理解するコト」ではないのである。

＜「社会保障関係法」のワールド＞から ＜「社会保障法」のワールド＞への突入準備

　＜「社会保障関係法」のワールド＞から＜「社会保障法」のワールド＞への突入準備とは、言い換えれば、「読めるコト」や「知っているコト」を超えて、具体的な「社会保障関係法」を理解しよう、というコトとなる。「えっ？」と思った方もいるだろう。ソノような方たちのために、前のページで触れたコトについて、少し角度を変えて述べてみよう。言うまでもなく、＜「社会保障法」のワールド＞などというモノは観念的なものであって、「文字」というような、私たちの目に見えるようなモノとして存在しているわけではない。このコトについて、簡単な例を使って考えてみよう。制定当初、「健保法の被保険者」は、「工場法ノ適用ヲ受クル工場又ハ鉱業法ノ適用ヲ受クル事業場若ハ工場ニ使用セラルル者」という「ことば」で表現される「被保険者」であった。そして、現代の「健保法の被保険者」は、「適用事業所に使用される者及び任意継続被保険者」という「ことば」で表現される「被保険者」である。この変容のコトを表現する際に、例えば、「人的適用範囲の拡大」というような、「固定的健保法」を前提とした内容の変化のような表現ではなく、①固有名詞的な［制定当初の健保法の「被保険者」］が存在し、②固有名詞的な［現代の健保法の「被保険者」］が存在している、として、③それら２つのコトを共に表現できる共通した準則（スケール）としての［「被保険者」というモノ］を用いて、④固有名詞的な［制定当初の健保法の「被保険者」］を位置付け、⑤固有名詞的な［現代の健保法の「被保険者」］を理解する、という具合に表現すればどうだろう。そうすれば、私たちの目に見えるようなモノとしては存在していない＜「社会保障法」のワールド＞への突入準備ができそうである。

6
・1・
Ⅲ

204　　第 6 部　＜「社会保障関係法」のワールド＞から＜「社会保障法」のワールド＞への突入

＜「社会保障関係法」のワールドの「ことば」＞と ＜「社会保障法」のワールドの「ことば」＞

　具体的な「社会保障関係法」では、例えば、「被保険者」、「疾病」、「給付」というような「ことば」が、「条文」などで使用されている。他方、抽象的な存在である「社会保障法」には、前のページでも述べたように、「書かれた条文」という形では、「ことば」は存在していない。しかし、先ほども述べたように、[「被保険者」という「ことば」] は、①具体的な条文において、そして、②抽象化された「ことば」として、あたかも、階層化していない「ことば」であるかのように存在している。ところが、皆さんもわかっているように、六法全書に存在しているモノは、「この法律において「被保険者」とは、適用事業所に使用される者及び任意継続被保険者をいう。」（健保法第3条第1項）や、「都道府県の区域内に住所を有する者は、当該都道府県が当該都道府県内の市町村とともに行う国民健康保険の被保険者とする。」（国保法5条）（ただし、第6条には適用除外がある）という具合に、「健保法の被保険者」と「国保法の被保険者」である。この両者は、たとえば、「医療保険法」の「被保険者」というような表現で抽象化が可能である。そして、その傍に、「国年法の被保険者」が加わった場合、それらは、「社会保険法」の「被保険者」というような表現で抽象化が可能である。さらに、その傍に、生活保護法関係の医療扶助を受ける「被保護者」という具体的なモノを加えた場合、たとえば、「要給付者」や「被給付者」というような表現で抽象化（のようなコト）が可能であるが、それは、単に、ひねり出した「ことば」を当てただけであり、「社会保障法」のワールドの [「内容を表現する」「ことば」] というようなモノではない。[「内容を表現する」コト] の必要性がない（＝気付かれない）段階では、「語」は存在しない。

6・1・Ⅳ

6・1　実験工房　205

［具体的に存在する「ことば」］と［「抽象的な場」の「ことば」］

「結婚した男女は、統計によりますと、平均して二人は子供を産んでいるんです。ですので、結婚をできない若者に対する政策、結婚をしようと思わない若者、そういったところに対する政策というものが今まで打たれていなかったということがはっきりいたしました」（国務大臣　森まさこ（当時）発言）。（［005／034］183－参－予算委員会－14号（平成25年05月07日）（国会会議録検索システム2014年10月5日アクセス）という、記録された「発語」には、［「結婚」と「子供」という「ことば」］が具体的に存在している。そして、「女子ノ結婚ニ付テ結婚手當金ノ支給、遺族年金受給者ニ子女割増金ノ加給等ヲ織込マレマシタコトハ、人口國策遂行ノ一端ト致シマシテ洵ニ結構ナ親心ト私ハ敬服シテ居ル所デアリマスルガ、思ヘバ子供ハ個人ノ子供デナクテ、國家ノ子供デアリ、畏多イ話デアリマスガ、陛下ノ赤子デアルト云フコトヲ考ヘマシタナラバ」（小泉國務大臣（当時）発言）（『第八十四囘帝国議会衆議院　戦時特殊損害保険法案委員會議録（速記）第八囘』昭和19年1月31日60ページ）という、記録された「発語」にも、［「結婚」と「子供」という「ことば」］が具体的に存在している。両者は、なんとなく似ているような、似ていないような気がする。ま、いずれにしても、時間的な隔たりのある2つの「発語記録」には、［「結婚」と「子供」という「ことば」］が具体的に存在している。ソコにとどまるコトをせずに、具体的な「発語」としての［「結婚」と「子供」という「ことば」］がどのようなモノであるかを位置づけしようとするなら、「発語」されたそれぞれの具体的な「場」に第三項をかけるようにして、［「結婚」として］［「子供」として］という具合に、［「抽象的な場」の「ことば」］を介在させなければならない。

＜「社会保障関係法」のワールド＞と＜「社会保障法」のワールド＞──異相空間相互での「ことば」の関係──（テーマの設定と扱う項目）

テーマの設定

　＜「社会保障関係法」のワールド＞と＜「社会保障法」のワールド＞という異相空間相互での「ことば」の関係を捉えるという、ここでの「テーマ」自体が、うまく文章で表現できないコトなので、まずは、具体的に存在している「条文」や「議事録」を利用して、①［法律の中に現れた（＝結果として具体化した）「ことば」］と、②［その具体的な「ことば」をみちびきだした「ことば」］に着目するという手法で「テーマ」に接近する手がかりをみつけることとしよう。具体的には、結果として使用されるコトとなった「一つのことば」に着目して、ソノ「一つのことば」が使用された複数の「場」を設定し、その複数の「場」にみられる、「音」として同一の、そして、「文字」として同一の具体的な「ことば」が、どのようにして、その複数の具体的な「場」を超えるような、抽象化されるような「場」での「ことば」となるのかを見るコトとなる。最も容易な手法は、時間軸の設定によるモノであるが、じつは、一つの時点でなされた複数の人々の間の「議論」でも、さらには、一人の人による「考察過程」でも、このコトは観察可能である。

> #### この章で扱う項目
> Ⅰ　異相空間相互での「ことば」の関係──第三項の設定
> Ⅱ　異相空間相互での「ことば」の関係──抽象化の介在
> Ⅲ　異相空間相互での「ことば」の関係──抽象的「場」の設定
> Ⅳ　異相空間相互での「ことば」の関係──「文章」(全体) の中の「語」
> Ⅴ　異相空間相互での「ことば」の関係──相互規定

異相空間相互での「ことば」の関係——第三項の設定

　「時間軸の設定によるもの」という、最も容易な手法の一つから試してみよう。利用するモノは、まずは、「近年、我が国においては、親など保護者による児童虐待事件が多発し、児童の心身の成長及び人格の形成に重大な影響を与えるなど深刻な社会問題となっております。本案は、本問題の早期解決の緊急性にかんがみ、児童に対する虐待の禁止、児童虐待の防止に関する国及び地方公共団体の責務、児童虐待を受けた児童の保護のための措置等を定め、児童虐待の防止等に関する施策の促進を図ろうとするものであります」（富田茂之発言）（［006／008］147－衆－本会議－33号平成12年05月12日）（国会会議録検索システム2016年12月12日アクセス）である。そして、「近時我國ノ事情ヲ見マスルノニ、兒童ニ對シマスル各種ノ虐待事實ハ、往々ニシテ社會ノ耳目ヲ聳動セシメツツアルモノガアリマスルシ、兒童ノ心身發達ノ上ニ甚シキ弊害ヲ伴フ虞ノアリマスル特殊ノ業務等ニ、兒童ヲ使用イタシマスルノ事實モ亦少ナカラズ見聞イタスノデアリマス……（中略）……今回特ニ兒童ノ虐待防止ノ爲ニ法規ヲ制定スルノ急務ナルコトヲ思ヒマシテ、茲ニ本案ヲ提出スルニ至リマシタ」（政府委員　丹羽七郎（当時）発言）（『第六十四回帝國議會　貴族院兒童虐待防止法案特別委員會議事速記錄第一號』昭和8年3月22日1ページ）である。両者に見られる、「音」として同一の、そして、「文字」として同一の［「児童」「虐待」「防止」という「ことば」］を、私たちは、一方で、［「平成12年」のモノと「昭和8年」のモノとして］読むコトになる。しかし、そこにとどまらずに、ほぼ同時に、［「児童というヒト」への対応のあり方］という、第三項をかけて、具体的なそれぞれのモノについての位置を与えるようにして、「観念的」に理解するコトとなる。

異相空間相互での「ことば」の関係——抽象化の介在

　もし、「個別のモノ」の中に、[「抽象化」を許す「ことば」]が存在していれば、具体的な「個別のモノ」に第三項をかける作業は容易になり、結果として、それぞれの具体的なモノについての「観念的」な位置付けも可能となる。たとえば、「年齢を或いは十四歳或いは一六歳、又は一八歳、二十歳、いろいろな角度からこの年齢を区切つております。……（中略）……、今般児童福祉法を制定立案するに当りましてこの年齢をどうするかということは大きな御指摘の通り問題であつたのであります。それで御承知のように、労働基準法におきましては十八歳を以て一つの……日本人のあらゆる社会的な條件、或いは生理的な條件、その他の観点から十八歳というものを一つの保護年齢と申しますか、十八歳以下の労働少年につきましては詳細な保護規定を設けておるのであります」（政府委員　米澤常道氏（当時）発言）（[020／021] 1－参－厚生委員会－10号　昭和22年08月22日）（国会会議録検索システム 2016年12月12日アクセス）と、「是ハ曲藝ヤ曲馬ドコロデハナイ、實ニ心膽ヲ寒カラシメルヤウナ仕事ヲシナケレバナラヌ、是等モ人間ノ世ノ中ニ帆柱ト云フモノヲ認メルト云フ以上ハ、當然是ハ必要ナ仕事デアル……（中略）……十四歳以下ノ者ガ、商船學校ニ入ッテヤル商船練習ナドモ止メナケレバナラヌ、斯ウ云フコトガ出來テ來ルノデ、是ハ教員ニ關係シテ來ル話デゴザイマスガ、ソコマデ兒童ヲ保護ヲシヨウト思ッテ、却ッテ本人ノ特徴ヲ奪フト云フコトニナルノデハ、考物ト私ハ思フノデアリマス」（荒川委員（当時）発言）（『第六十四回帝國議會　衆議院少年教護法案委員會議録（速記）第十六回』昭和8年3月22日3～4ページ）にみられる、「十八歳」や「十四歳」という「年齢」は、[「抽象化」を許す「ことば」]の典型例である。

異相空間相互での「ことば」の関係
――抽象的「場」の設定

「結婚」についての、「具体的な語り」として目の前にあるモノは、例えば、「夫婦別姓は親子別姓になりますよ、ファミリーネームがなくなるということで、子供の育ちにどういう影響がありますか、結婚制度が弱体化しませんか、いろいろ聞きました。……（中略）……。今守るべきは家族ですよ。社会の最小単位、家族、この愛の共同体をしっかりと応援していく、保護していくことで子供が健全に安心して育っていくことができるんです。全く哲学が違うと思います」（山谷えり子氏発言）（［022／035］176－参－予算委員会－5号　平成22年11月17日）（国会会議録検索システム2014年6月23日アクセス）という発言や、「即チ結婚ハ決シテ個人ノ私事デハナイ、民族興隆ノ基礎デアル、兩親ヤ周圍ノ指導ノ下ニ、若キ二人ガ互ヒニ助ケ合ツテ堅實ナ家ヲ建設シ、サウシテ世界無比ノ團體ニ淵源スル立派ナ日本民族ノ血液ヲ永遠ニ生々發展セシムルト云フヤウナ使命ヲ感ジナガラ澤山ノ子供ヲ産ミ、丈夫ニ育テ、教育シテ、國家ノ御奉公ニ役立タシムルト云フ信念ヲ確立スル、サウ云フ氣風ヲ作ツテ行カナケレバ今日ノ大東亞戰爭ノ後ニ来ルベキ大東亞ノ經營ニ當ツテノ日本民族ノ發展ト云フモノガアリ得ナイト思フ、随テ性慾ト云フヤウナモノヲ國家ニ捧ゲル、結婚ハ個人ノ私事デハナクシテ、國家興隆ノ基礎デアルト云フ結婚觀ヲ確立致シマシテ、性生活ノ嚴正化ヲ強調スル所ノ社會環境ヲ速カニ確立スルコトガ必要デアル」という発言である。これらは、①「時」と「場所」を異にする個々の「具体的な語り」である。と同時に、②［「結婚」とは］というような、［抽象的「場」の設定されたモノ］としても存在している。そこに着目すれば、＜「社会保障法」のワールド＞への突入も可能になってくる。

異相空間相互での「ことば」の関係
——「文章」（全体）の中の「語」

　たとえば、「大変重篤な案件もありまして、虐待を受けた上殺害され
たと、こういう事件も時々報道される状況でございます。また、児童の
性的虐待というものは、これは命を落とすまでには至りませんけれど
も、それに匹敵するほど、被害を受けた子供の精神また人生を破壊する
ものでありまして、これ自体極めて重大な犯罪であると思っておりま
す。女児、男児を問わず、そのような被害を受けた児童をどういうふう
に保護をして、また、その後の自立のための支援をしていくか」（佐々
木さやか氏発言）（［011／218］192－参－法務委員会－2号　平成28年10月
20日）（国会会議録検索システム 2016年12月12日アクセス）という発言に
みられる［「語」としての「虐待」］は、「殺害された」、「子供の精神ま
た人生を破壊」、「支援」等との脈絡で存在するコトとなる。同様の関係
は、「曲馬軽業等ニ使ハレテ居ル子供ノ將來ハドウナッテ行クノデアル
カ、又其精神狀態或ハ身體發育ノ狀況等ハドウデアルカ、斯ウ云フ御尋
ネデアリマスルガ、是ハ極メテ正確ニ調査シタモノデハゴザイマセヌ
ガ、唯實際此警察其他デ以テ其日常生活ノ實況ヲ觀察シテ居リマスル者
ノ言フ所ニ依リマスレバ、兎ニ角非常ニ虐待ヲシテ居ッテ身體等モ宜シ
クナイ、又精神モ極メテ明ルイ方面ニハ缺ケテ居ルト云フヤウナ、誠ニ
卑屈ニ相成ルト云フヤウナコトニナッテ居リマス」（政府委員　丹羽七郎
氏（当時）発言）（『第六十四回帝國議會　貴族院兒童虐待防止法案特別委員會議
事速記錄第一號』昭和8年3月22日7～8ページ）という発言の中にも見る
コトができる。［「全体」の中での「語」の位置］を手掛かりにすれば、
具体的な「語」の、「抽象化」された「場」での位置付けが可能とな
り、＜「社会保障関係法」のワールド＞から抽象的な＜「社会保障法」
のワールド＞への突入の可能性は開かれる。

6・2・Ⅳ

異相空間相互での「ことば」の関係——相互規定

　私たちは、具体的な＜「社会保障関係法」のワールド＞に存在している「ことば」と同じ「音」の「ことば」を使用して、そして、同じ「文字」の「ことば」を使用して、ソノ表現が上手くいっているかどうかは別として、［抽象化された「場」］としての＜「社会保障法」のワールド＞のコトを表現している。この場合、「ことば」を介しての、両場面での関係はどのようになっているのであろうか。［「虐待」という「語」］がどのようなコトを「意味」しているのかというコトは、図式化すれば、＜［「虐待」ではないモノ］ではないモノ＞というような、「差異化の体系」の積み重ねの上に成り立っているともいえる。重要なコトは、［「虐待」ではないモノ］に、揺らがないモノとしての位置が与えられているコトである。たとえば、「しつけを名目にして児童虐待を行うというケースが後を絶たない……（中略）……体罰一般については、やはり社会通念との関係、あるいはさまざまな考え方、現場の子供の年齢との関係もございますので、今回、いろいろ考えまして、児童虐待防止法上、児童のしつけに関しては、監護、教育に必要な範囲を超えて児童を懲戒してはならないという規定を置くという形で、いわばしつけに関しての体罰の行使については抑制的な対応をしてもらう、あるいはその前提で現場の児相の職員にも対応してもらうということができるような規定を置いた」（香取政府参考人発言）（［002／015］190－衆－厚生労働委員会－18号　平成28年05月18日）（国会会議録検索システム 2016年12月12日アクセス）という発言に見られるように、［「虐待」という「語」］は、ソレ自体でというより、＜［「虐待」ではないモノ＝「しつけ」］ではないモノ＞という関係の下で、相互規定されながら、ソノ位置を確かなモノとしているのである。

6・2・V

212　　第6部　＜「社会保障関係法」のワールド＞から＜「社会保障法」のワールド＞への突入

抽象化のための逆引き辞典作成
——（テーマの設定と扱う項目）

テーマの設定

例えば、①［保健師助産師看護師法における「助産師」］とは、「厚生労働大臣の免許を受けて、助産又は妊婦、じよく婦若しくは新生児の保健指導を行うことを業とする女子」である、とするコトと、②［「厚生労働大臣の免許を受けて、助産又は妊婦、じよく婦若しくは新生児の保健指導を行うことを業とする女子」のことを、保健師助産師看護師法における「助産師」］としよう、とするコトの間には、どのような違いがあるのだろうか。①によってなされているコトは、［「ことば」としてすでに存在しているコトについての「内容説明」］であり、したがって、表現されているコトの内容が是認されやすい構造にあるのに対して、②によってなされるコトになるのは、＜［表現したい、抽象化できる何らかの状態］と［「ソレを表現するための「ことば」］の選定＞である。①と②は、一見したところ、順序を入れ替えただけのモノのように見えるが、構造的には全く異なるモノである。この章では、抽象的な＜「社会保障法」のワールド＞というモノに接近するために、＜［表現したい、抽象化できる何らかの状態］と［「ソレを表現するための「ことば」］＞という関係を意識可能とする「抽象化のための逆引き辞典」を作成するコトになる。

この章で扱う項目
I　逆引き辞典の意味
II　逆引き辞典作成の重要性
III　逆引き辞典作成の手順
IV　逆引き辞典作成の「力」の源
V　逆引き辞典作成による［新しい「ことば」］

6・3　抽象化のための逆引き辞典作成　213

逆引き辞典の意味

　ここで「逆引き辞典」といっているモノは、［「あいうえお」順の逆］＝［んわろれるりら順］というようなモノではなくて、私たちがよく使用している辞典の［「意味に該当する部分」を見出しとするというような辞典］というようなモノである。「……日本人は、自分だけが幸せで幸せと感じるのではなくて、みんなが幸せで初めて幸せと感じる。国ができないことも社会全体で支え合っていくような、そういう基盤づくりをするのが一億総活躍社会で、それによって、世界に先駆けて課題を解決することで、世界から尊敬される道義大国を目指すことができる。」（稲田委員　当時発言）（［001／002］190－衆－予算委員会－6号平成28年02月03日）（国会会議録検索システム http：／／kokkai．ndl．go．jp／）（1028日アクセス）という「発語」を例にすれば、「逆引き辞典」の「日本人は、自分だけが幸せで幸せと感じるのではなくて、みんなが幸せで初めて幸せと感じる。国ができないことも社会全体で支え合っていくような、そういう基盤づくりをするコト」の箇所を引くと、［「一億総活躍社会」という「ことば」］が出てくる、というようなモノである。例示した「発語」自体がふさわしいモノではなかったかもしれないが、イメージはつかめたであろう。「表現したい対象」に当てられる「ことば」が何であるかは、ここでは大切なコトではない。この部分には、「ぱぺぽ」でも、「かけこ」でも、どのような「音」でも当てられる。なくてはならないモノは、［なんらかの「表現したい対象」の存在］というコトとなる。なぜなら、もし、［「ソレ」がわざわざ表現しなくてもよいというような「対象」］であれば、「そのコト」は全体の中に溶け込んでおり、そもそも、差異化なされるコトがなく、私たちの心の中で、気がつかれるコト自体が生じないからである。

逆引き辞典作成の重要性

　[[「ことば」と「ことばによって表現される対象」]] との関係は、たとえば、①「厚生労働大臣の免許を受けて、助産又は妊婦、じょく婦若しくは新生児の保健指導を行うことを業とする女子」のことを [[「ぱぺぽ」という「ことば」] で表現し、②[[「ぱぺぽ」という「ことば」] は、「厚生労働大臣の免許を受けて、助産又は妊婦、じょく婦若しくは新生児の保健指導を行うことを業とする女子」のコトを意味している、というようなモノである。この①と②において不可欠なのは [[「ぱぺぽ」という「ことば」]] ではない。別に、そこに [[「られろ」という「ことば」]] があってもよいし、極論すれば、「ことば」があてられなくてもよいのである。逆に、なくて困るモノは、「ことばによって表現される対象」である。それが不在の場合（＝それに気づかない場合）には、[[「ことば」と「ことばによって表現される対象」]] との関係は、そもそも、成り立たない。[[「セクハラということば」と「セクハラということばによって表現される対象」]] との関係は、セクハラ不在の場合だけでなく、セクハラというモノに気づかない場合にも、成り立たない。したがって、大切になるのは、現状を追認するコトに陥りやすい、[[「セクハラ」とは〇〇〇のことである]]（＝構成要件該当性の問題）というモノではなく、[[「セクハラ」という「ことば」になっていなくても、「決して、あってはならないモノとして表現される対象」]] なのである。逆引き辞典作成の重要性は、「あるコトについての、既存の説明では、現状を追認せざるを得ないような場合」に、たとえば、「厚生労働大臣の免許を受けて、助産又は妊婦、じょく婦若しくは新生児の保健指導を行うことを業とする者をいう。」（＝女子に限定しない者）というような「表現したい対象」を表現できる可能性を有しているコトにある。

6・3　抽象化のための逆引き辞典作成　　215

逆引き辞典作成の手順

　逆引き辞典作成のためには、皆さんの本棚にある「○○辞典」を利用して、「見出し項目」と「説明」の順を入れ替えればよい、なんて考えたかもしれない。すなわち、[「▲▲」とは「××のコト」である]というような形式になっている「○○辞典」を、[「××のコト」とは「▲▲」である]としてしまう方法である。一見したところよさそうであるが、このような方法は、ココで考えているコトとの関係では、ダメである。なぜなら、順を入れ替える前の「○○辞典」というモノは、そもそも、「名詞」（＝「▲▲」）と「名詞」（＝「××のコト」）を接合させたような、[「ことば」と「ことばによって表現される対象」]との関係を基礎としており、したがって、「名詞」（＝「▲▲」）を、別の「名詞」（＝「××のコト」）で[「言い換えたコト」]の、単なる「是認」であるからである。[「抽象化」された「場」]としての＜「社会保障法」のワールド＞への突入のために重視すべきは、「ことば」が生まれるにあたっての、[「そのコトを表現しなければならない」という気づき]であり、[「そのような気づき」の「承認」]である。その意味では、「既に存在している辞典」では、たとえ、「見出し項目」と「説明」の順を入れ替えたとしても、印刷されているコトは、[「▲▲」とは「××のコト」である]というような「現状追認形式」であるコトから、[「そのコトを表現しなければならない」という気づき]に到達するコトはできない。具体的な＜「社会保障関係法」のワールド＞で使用されている、「被保険者」や「給付」というような「ことば」が、[「抽象化」された「場」]としての＜「社会保障法」のワールド＞では、どのようなモノとなるのかについては、[「そのコトを表現しなければならない」という気づき]と[「そのような気づき」の「承認」]が不可欠である。

216　　第6部　＜「社会保障関係法」のワールド＞から＜「社会保障法」のワールド＞への突入

逆引き辞典作成の「力」の源

　[「▲▲」とは「××のコト」である］というような、すでに存在している「○○辞典」が有している基本構造に縛られている限りは、逆引き辞典を作成するコトはできない。逆引き辞典作成にはかなりの「力」が求められるが、その「力」の源は、①いまだ存在していない「ことば」を、「ことば」として生み出すような、[「そのコトを表現しなければならない」という気づき］であり、②社会による［「そのような気づき」の「承認」］である。付け加えるならば、それに対して、[「△△」という「ことば」］を当てようが、[「◇◇」という「ことば」］を当てようが、ソレはかまわない。逆引き辞典作成に、随分入り込んだので、ココらで、改めて、逆引き辞典作成の意義を問うてみよう。『この本』での大きなテーマは、[「ことば」というモノ］を手掛かりとして「社会保障法」とはどのようなモノなのかに接近するというコトである。その際に気にかけたコトは、①具体的な＜「社会保障関係法」のワールド＞で使用されている、条文などで見ることができる「ことば」と、②[「抽象化」された「場」］としての＜「社会保障法」のワールド＞で使用されている「ことば」との関係である。①は、条文などで見ることができる「ことば」であるのに対して、②は、「ことば」ではあるが、条文などで見ることができない「ことば」である。①においては気づかれるコトのないコトが、②においては気づかれるコトとなる。なぜなら、①では、[「▲▲」とは「××のコト」である］というような「既存物是認形式」となるコトが多いからである。ソコには、①いまだ存在していない「ことば」を、「ことば」として生み出すような、[「そのことを表現しなければならない」という気づき］や、②社会による［「そのような気づき」の「承認」］というモノは存在していない。

6・3　抽象化のための逆引き辞典作成　217

逆引き辞典作成による［新しい「ことば」］

　試しに、逆引き辞典作成による［新しい「ことば」］を作ってみよう。ココでの［新しい「ことば」］は、先ほどまで見たように、①［「そのことを表現しなければならない」というコト］であると同時に、②それに該当する「項目部分」である。ソノ①の基礎をなしているモノが、＜いまだ存在していない「ことば」を、「ことば」として生み出すような、［「そのコトを表現しなければならない」という気づき］＞である。そして、②については、どのような「音」にするかは全く恣意的であるが、「社会保障法」のための「ことば」であるから、一応、内容を何とか想像できそうなモノとなるであろう。まずは①である。この①の部分に、A.「様々な事情があって、何らかの援助が必要と思われる人のコト」を当てようとすると、(a1) それは「心身のコトか？経済的なコトか？」であるとか、(a2) その人には「家族はいるのか？」であるとか、さらには、(a3)「何歳か？」であるとか、のような「細部にわたる質問」が出てくる。しかし、「表現しなければならないコト」は、「細部にわたる質問」とはかけ離れた、［「ことば」では「なんとも表現できないコト」］なのである。もう少し正確に言うなら、(a1)、(a2)、(a3) というようなコトになるコト自体が原因となって、［「表現しなければならないコト」というモノ］が生み出されるコトになっているのである。ところが、「表現しなればならないコト」が「表現される場合」、使用される「ことば」は、その時点での「ことば」の体系に規定されるコトとなる。したがって、「当事者」であったとしても、逆引き辞典作成による［新しい「ことば」］というモノは、そう簡単に作れるモノではない。先ほどの A.「様々な事情があって、何らかの援助が必要と思われる人のコト」は、もう少し正確には、「手ば、貸さな」かもしれない。

6・3・Ⅴ

218　第 6 部　＜「社会保障関係法」のワールド＞から＜「社会保障法」のワールド＞への突入

＜「社会保障法」のワールド＞への突入──[「主体」・「出来事」・「給付」・「費用」・「空間」についての「ことば」]──（テーマの設定と項目）

テーマの設定

　＜「社会保障法」のワールド＞が、[「抽象化」された「場」]に、観念的なモノとして存在しているにもかかわらず、＜「社会保障法」のワールド＞の法的な独自性は、具体的な＜「社会保障関係法」のワールド＞での「音」や、講義での具体的な「文字」というような、私たちの手の届くところにあるモノを介して現象するコトとなる。ここでの「テーマ」は、[「誰が」・「どのような場合に」・「どのような対応を」・「誰の負担で」・「どこで」についての「ことば」]を介して、すなわち、[「主体」・「出来事」・「給付」・「費用」・「空間」についての「ことば」]を介して、＜「社会保障法」のワールド＞への突入の手がかりを手に入れるコトである。

この章で扱う項目

Ⅰ　＜「社会保障関係法」の「主体」についての「ことば」＞と＜「社会保障法」の「主体」についての「ことば」＞

Ⅱ　＜「社会保障関係法」の「出来事」についての「ことば」＞と＜「社会保障法」の「出来事」についての「ことば」＞

Ⅲ　＜「社会保障関係法」の「給付」についての「ことば」＞と＜「社会保障法」の「給付」についての「ことば」＞

Ⅳ　＜「社会保障関係法」の「費用」についての「ことば」＞と＜「社会保障法」の「費用」についての「ことば」＞

Ⅴ　＜「社会保障関係法」の「空間」についての「ことば」＞と＜「社会保障法」の「空間」についての「ことば」＞

＜「社会保障関係法」の「主体」についての「ことば」＞と ＜「社会保障法」の「主体」についての「ことば」＞

　「身体障害者」、「児童」、「老人」などの「ことば」は、＜「社会保障関係法」における「主体」を表現する「ことば」として＞具体的に存在しているモノである。例えば、「児童」であれば、「一定の年齢に達していないことに関連して生じる、必要性への社会的な対応に着目して、人一般の中において差異化されるべきであるとされ概念化された存在」というコトができる。ところで、これらの「身体障害者」、「児童」、「老人」というような、「個別」の「具体的」な＜「社会保障関係法」の「主体」についての「ことば」＞は、何らかの工夫によって、＜「社会保障法」の「主体」についての「ことば」＞となるモノなのであろうか。このコトに対応するために必要なコトは、工夫によって［何らかの「ことば」］をひねり出すコトではない。［どのようにすれば＜「社会保障法」の「主体」についての「ことば」＞となるのであろうか］という「問い」は、じつは、［「社会保障法」の「主体」］についての、［「表現しなければならない」という、事柄としての「強度」］に依存するコトとなる。すなわち、わざわざ「差異化するほどのコトではないコト」となってしまうと、［「平たい空間」の中の「一段と高くなったところ」］（＝ yama ＝山）は、「気づかれるコト」もなく、「概念化されるコト」もない。というコトは、［「身体障害者」、「児童」、「老人」などの「ことば」を当てられるコトとなった「存在」］に共通する「概念化」されるべきことがあるのか、というコトが問われるというコトである。「必要性への社会的な対応に着目して、人一般の中において差異化されるべきであるとされ概念化された存在」に割り当てられる「ことば」が、＜「社会保障法」の「主体」についての「ことば」＞というコトになる。

＜「社会保障関係法」の「出来事」についての「ことば」＞と＜「社会保障法」の「出来事」についての「ことば」＞

　「疾病」や「要介護状態」などの「ことば」は、＜「社会保障関係法」における「出来事」を表現する「ことば」として＞具体的に存在しているモノである。例えば、「疾病」であれば、「必要性としての社会的な医的対応に着目して、常態としての身体的不介入からは差異化されるべきとして概念化された状態」というコトができる。ところで、これらの「疾病」や「要介護状態」というような、「個別」の「具体的」な＜「社会保障関係法」の「出来事」についての「ことば」＞は、何らかの工夫によって、＜「社会保障法」の「出来事」についての「ことば」＞となるモノなのであろうか。このコトに対応するために必要なコトは、『この本』で何度も述べてきたように、工夫によって［何らかの「ことば」］をひねり出すコトではない。［どのようにすれば＜「社会保障法」の「出来事」についての「ことば」＞となるのであろうか］という、先ほどの「問い」は、じつは、［「社会保障法」の「出来事」］についての［表現しなければならないという事柄としての「強度」］に依存するコトとなる。すなわち、わざわざ「差異化するほどのコトではないコト」となってしまうと、そもそも「気づかれるコト」もないし、「概念化されるコト」もない。というコトは、［「疾病」や「要介護状態」］などの「ことば」を割り当てられるコトとなった「状態」］に共通する「概念化」されるべきコトがあるのか、というコトが問われるというコトである。「必要性についての社会的対応に着目して、常態としての不介入からは差異化されるべきであるとして概念化された状態」に割り当てられる「ことば」が、＜「社会保障法」の「出来事」についての「ことば」＞というコトになる。

6・4・Ⅱ

6・4　＜「社会保障法」のワールド＞への突入　　221

＜「社会保障関係法」の「給付」についての「ことば」＞と ＜「社会保障法」の「給付」についての「ことば」＞

　「療養の給付」や「年金」などの「ことば」は、＜「社会保障関係法」における「給付」を表現する「ことば」として＞具体的に存在しているモノである。例えば、「年金」であれば、「必要性としての社会的な経済的支援に着目して、前提をなす私的扶養や経済的自立からは差異化されるべきであるとして概念化された経済的対応」というコトができる。ところで、これらの「療養の給付」や「年金」というような、「個別」の「具体的」な＜「社会保障関係法」の「給付」についての「ことば」＞は、何らかの工夫によって、＜「社会保障法」の「給付」についての「ことば」＞となるモノなのであろうか。このコトに対応するために必要なコトは、『この本』で何度も述べてきたように、工夫によって［何らかの「ことば」］をひねり出すコトではない。［どのようにすれば＜「社会保障法」の「給付」についての「ことば」＞となるのであろうか］という「問い」は、じつは、［［社会保障法」の「給付」］についての［表現しなければならないという事柄としての「強度」］に依存するコトとなる。すなわち、わざわざ「差異化するほどのコトではないコト」となってしまうと、そもそも「気づかれるコト」もないし、「概念化されるコト」もない。というコトは、［「療養の給付」や「年金」］などの「ことば」を当てられるコトとなった「対応」に共通する「概念化」されるべきコトがあるのか、というコトが問われるというコトである。「必要性についての社会的な支援に着目して、前提をなす私的扶養や生活自立からは差異化されるべきであるとして概念化された対応」に割り当てられる「ことば」が、＜「社会保障法」の「給付」についての「ことば」＞というコトになる。

6・4・Ⅲ

＜「社会保障関係法」の「費用」についての「ことば」＞と ＜「社会保障法」の「費用」についての「ことば」＞

　「税」や「保険料」などの「ことば」は、＜「社会保障関係法」における「費用」を表現する「ことば」として＞具体的に存在しているモノである。例えば、「保険料」であれば、「必要性としての社会的な費用に着目して、私的扶養支出や自己負担支出からは差異化されるべきであるとして概念化された費用」というコトができる。ところで、これらの「税」や「保険料」というような、「個別」の「具体的」な＜「社会保障関係法」の「費用」についての「ことば」＞は、何らかの工夫によって、＜「社会保障法」の「費用」についての「ことば」＞となるモノなのであろうか。このコトに対応するために必要なコトは、『この本』で何度も述べてきたように、工夫によって［何らかの「ことば」］をひねり出すコトではない。［どのようにすれば＜「社会保障法」の「費用」についての「ことば」＞となるのであろうか］という「問い」は、じつは、［「社会保障法」の「費用」］についての［表現しなければならないという事柄としての「強度」］に依存するコトとなる。すなわち、わざわざ「差異化するほどのコトではないコト」となってしまうと、そもそも「気づかれるコト」もないし、「概念化されるコト」もない。というコトは、［「税」や「保険料」］などの「ことば」を当てられるコトとなった「費用」に共通する「概念化」されるべきコトがあるのか、というコトが問われるというコトである。「必要性としての社会的な費用に着目して、私的扶養支出や自己負担支出からは差異化されるべきであるとして概念化された費用」に割り当てられる「ことば」が、＜「社会保障法」の「費用」についての「ことば」＞というコトになる。

6・4・Ⅳ

6・4　＜「社会保障法」のワールド＞への突入　　223

＜「社会保障関係法」の「空間」についての「ことば」＞と ＜「社会保障法」の「空間」についての「ことば」＞

　「適用事業所」、「市町村」、「世帯」などの「ことば」は、＜「社会保障関係法」における「空間」を表現する「ことば」として＞具体的に存在しているモノである。例えば、「市町村」であれば、「必要性の発生する範囲に着目して、家族や企業からは差異化されるべきであるとして概念化された基礎的地理的空間」というコトができる。ところで、これらの「適用事業所」、「市町村」、「世帯」というような、「個別」の「具体的」な＜「社会保障関係法」の「空間」についての「ことば」＞は、「抽象化」するなどの工夫によって、＜「社会保障法」の「空間」についての「ことば」＞となるモノなのであろうか。このような「問い」に対応する「答え」は、工夫によって［何らかの「ことば」］をひねり出すコトによって得られるモノではない。先ほどの、［どのようにすれば＜「社会保障法」の「空間」についての「ことば」＞となるのであろうか］という「問い」は、じつは、［「社会保障法」の「空間」］についての［表現しなければならないという事柄としての「強度」］に依存するコトとなる。すなわち、わざわざ「差異化するほどのコトではないコト」となってしまうと、［「平たい空間」の中の「一段と高くなったところ」］（＝ yama ＝山）は、「気づかれるコト」もなく、「概念化されるコト」もない。というコトは、［［「適用事業所」、「市町村」、「世帯」などの「ことば」を当てられるコトとなった「空間」］に共通する「概念化」されるべきコトがあるのか、というコトが問われるというコトである。「必要性の発生する範囲に着目して、家族や企業からは差異化されるべきであるとして概念化された空間」に割り当てられる「ことば」が、＜「社会保障法」の「空間」についての「ことば」＞というコトになる。

＜「社会保障法」のワールド＞への突入——[「関係」・「責任」・「意思」・「現象の形態」のありようについての「ことば」]——(テーマの設定と扱う項目)

テーマの設定

　＜「社会保障法」のワールド＞が[「抽象化」された「場」]に存在しているにもかかわらず、＜「社会保障法」のワールド＞の法的な独自性は、具体的な＜「社会保障関係法」のワールド＞での「音」や、講義での具体的な「文字」というような、私たちの手の届くところにあるモノを介して観念化された結果として現象するコトとなる。ココでの「テーマ」は、[[「自立／連帯」・「私的責任／社会的責任」・「任意／強制」・「抽象性／具体性」という「ことば」]を介して、すなわち、[[「関係」・「責任」・「意思」・「現象の形態」]](のありよう)についての「ことば」を介して、＜「社会保障法」のワールド＞への突入の手がかりを手に入れるコトである。

この章で扱う項目

Ⅰ　＜「社会保障法」のワールド＞への突入
　　——[「関係」(のありよう)についての「ことば」]
Ⅱ　＜「社会保障法」のワールド＞への突入
　　——[「責任」(のありよう)についての「ことば」]
Ⅲ　＜「社会保障法」のワールド＞への突入
　　——[「意思」(のありよう)についての「ことば」]
Ⅳ　＜「社会保障法」のワールド＞への突入
　　——[「現象の形態」(のありよう)についての「ことば」]
Ⅴ　＜「社会保障法」のワールドのありよう＞と「ことば」

6・5

6・5　＜「社会保障法」のワールド＞への突入　　225

＜「社会保障法」のワールド＞への突入
——[「関係」（のありよう）についての「ことば」]

　「自立」や「連帯」などの「ことば」は、＜「社会保障関係法」にみられる「関係」（のありよう）を表現する「ことば」として＞存在している。例えば、「連帯」であれば、「立場の必然的相互変換性に着目して、前提としての相互不介入からは差異化されるべきとして概念化された関係（のありよう）」というコトができる。これらの＜「社会保障関係法」にみられる「関係」（のありよう）を表現する「ことば」＞は、それ自体に手を加えたとしても、＜「社会保障法」の「関係」（のありよう）を表現する「ことば」＞に変身するモノではない。＜「社会保障法」の「関係」（のありよう）についての「ことば」＞を創り出すことができるか、否かは、[「社会保障法」の「関係」（のありよう）]についての[表現しなければならないという事柄としての「強度」]次第である。すなわち、[「社会保障法」の「関係」（のありよう）]について、「自立」や「連帯」などの「ことば」を使用して、わざわざ「差異化するほどのコトではないコト」となってしまうと、そもそも「気づかれるコト」もないし、「概念化されるコト」もない。というコトは、[「自立」や「連帯」などの「ことば」を割り当てられるコトとなった「関係」]に共通する「概念化」されるべきコトがあるのか、というコトが問われるというコトなのである。「関係」（のありよう）は、誰にでも生じる事柄か否かに着目するコトによって、①前提としての相互不介入の部分と、②相互不介入からは差異化されるべきとして概念化される部分とに、双極化される。このうち、②に該当する「関係」（のありよう）に割り当てられる「ことば」が、＜「社会保障法」の「関係」（のありよう）についての「ことば」＞というコトになる。

＜「社会保障法」のワールド＞への突入
——[「責任」（のありよう）についての「ことば」]

　「私的責任」や「社会的責任」などの「ことば」は、＜「社会保障関係法」にみられる「責任」（のありよう）を表現する「ことば」として＞存在している。例えば、「社会的責任」であれば、「能力という観点からの社会的対応に着目して、前提としての私的責任原則からは差異化されるべきとして概念化された責任（のありよう）」というコトができる。＜「社会保障関係法」にみられる「責任」（のありよう）を表現する「ことば」＞は、「ことば」自体を加工したとしても、＜「社会保障法」の「責任」（のありよう）を表現する「ことば」＞に変身するモノではない。＜「社会保障法」の「責任」（のありよう）についての「ことば」＞が創り出されるための前提となる条件は、[「社会保障法」の「責任」（のありよう）]についての[表現しなければならないという事柄としての「強度」の存在]というコトになる。すなわち、「私的責任」や「社会的責任」などの「ことば」を使用して、わざわざ「差異化するほどのコトではないコト」となってしまうと、そもそも「気づかれるコト」もないし、「概念化されるコト」もない。というコトは、[「私的責任」や「社会的責任」などの「ことば」を割り当てられるコトとなった「責任」]に共通する「概念化」されるべきコトがあるのか、というコトが問われるというコトなのである。責任（のありよう）は、能力という観点からの対応に着目して、①前提としての私的責任原則の部分と、②前提としての私的責任原則からは差異化されるべきとして概念化される部分とに、双極化される。このうち、②に該当する「責任」（のありよう）に割り当てられる「ことば」が、＜「社会保障法」の「責任」（のありよう）についての「ことば」＞というコトになる。

＜「社会保障法」のワールド＞への突入
──[「意思」（のありよう）についての「ことば」]

　「任意」や「強制」などの「ことば」は、＜「社会保障関係法」にみられる「意思」（のありよう）を表現する「ことば」として＞存在している。例えば、「強制」であれば、「生ずる事態の普遍性に着目して、前提としての私的自治原則からは差異化されるべきとして概念化された意思（のありよう）」というコトができる。＜「社会保障関係法」にみられる「意思」（のありよう）を表現する「任意」や「強制」などの「ことば」＞に、何らかの加工を施した結果として、＜「社会保障法」の「意思」（のありよう）を表現する「ことば」＞が生まれるわけではない。では、どのような工夫をすれば＜「社会保障法」の「意思」（のありよう）についての「ことば」＞を創り出すコトができるのか？このコトは、実は、[[「社会保障法」の「意思」（のありよう）]についての[表現しなければならないという事柄としての「強度」]に依存する事柄なのである。すなわち、「任意」や「強制」などの「ことば」を使用して、わざわざ「差異化するほどのコトではないコト」となってしまうと、そもそも「気づかれるコト」もないし、「概念化されるコト」もない。というコトは、[[「任意」や「強制」などの「ことば」を割り当てられるコトとなった「意思」]に共通する「概念化」されるべきコトがあるのか、というコトが問われるというコトなのである。「意思」（のありよう）は、生ずる事態の普遍性に着目して、①前提としての私的自治原則の部分と、②前提としての私的自治原則の部分からは差異化されるべきとして概念化される部分とに、双極化される。このうち、②に該当する「意思」（のありよう）に割り当てられる「ことば」が、＜「社会保障法」の「意思」（のありよう）についての「ことば」＞というコトになる。

＜「社会保障法」のワールド＞への突入
──[「現象の形態」（のありよう）についての「ことば」]

「抽象性」や「具体性」などの「ことば」は、＜「社会保障関係法」にみられる「現象の形態」（のありよう）を表現する「ことば」として＞存在している。「具体性」であれば、「生ずる事態の多様性に着目して、前提としての形式的平等性からは差異化されるべきとして概念化された現象の形態（のありよう）」というコトができる。＜「社会保障関係法」にみられる「現象の形態」（のありよう）を表現する「ことば」＞に加工を施したからといって、＜「社会保障法」の「現象の形態」（のありよう）を表現する「ことば」＞が生まれるわけではない。＜「社会保障法」の「現象の形態」（のありよう）についての「ことば」＞を創り出すために求められるモノは、実は、[「社会保障法」の「現象の形態」（のありよう）]についての[表現しなければならないという事柄としての「強度」]なのである。すなわち、「抽象性」や「具体性」などの「ことば」を使用して、わざわざ「差異化するほどのコトではないコト」となってしまうと、そもそも「気づかれるコト」もないし、「概念化されるコト」もない。というコトは、[「抽象性」や「具体性」などの「ことば」を割り当てられるコトとなった「現象の形態」]に共通する「概念化」されるべきコトがあるのか、というコトが問われるというコトなのである。「現象の形態」（のありよう）は、生ずる事態の多様性に着目して、①前提としての形式的平等性の部分と、②前提としての形式的平等性の部分からは差異化されるべきとして概念化される部分とに、双極化される。このうち、②に該当する「現象の形態」（のありよう）に割り当てられる「ことば」が、＜「社会保障法」の「現象の形態」（のありよう）についての「ことば」＞というコトになる。

6・5・Ⅳ

＜「社会保障法」のワールドのありよう＞と「ことば」

　先ほどまで見てきた［「関係」・「責任」・「意思」・「現象の形態」］（のありよう）についての「ことば」を利用して、［「社会保障法」のワールドのありよう］を表現してみよう。［「社会保障法」のワールドのありよう］とは、「①誰にでも生じる事柄か否かに着目して、相互不介入からは差異化されるべきとして概念化される「関係」のありよう（＝連帯）を基盤として、②能力という観点からの対応に着目して、前提としての私的責任原則からは差異化されるべきとして概念化される「責任」のありよう（＝社会的責任）に支えられ、③生ずる事態の普遍性に着目して、前提としての私的自治原則の部分からは差異化されるべきとして概念化される「意思」のありよう（＝強制）で維持され、④生ずる事態の多様性に着目して、前提としての形式的平等性の部分からは差異化されるべきとして概念化される「現象の形態」のありよう（＝具体性）に光を当てて対応する、というモノである。

　少し長すぎたでしょうか……。では、それぞれの「意味・内容」部分を［「項目」的「ことば」］に置き換えて短くしてみましょう。［「社会保障法」のワールドのありよう］とは、「①「連帯」を基盤として、②「社会的責任」に支えられ、③「強制」で維持され、④「具体性」に光を当てて対応する、というモノである。

　如何でしょうか……。

6・5・V

230　　第6部　＜「社会保障関係法」のワールド＞から＜「社会保障法」のワールド＞への突入

［＜「社会保障関係法」のワールド＞から＜「社会保障法」のワールド＞への突入］のための補足テーマ
——異相空間での「ことば」の選択・配置・役割・機能——

［「ことば」というモノ］と［「時間の幅」と「同時性」］

　具体的な＜「社会保障関係法」のワールド＞から［「抽象的」な「場」］としての＜「社会保障法」のワールド＞へ突入するに当たって、［「ことば」というモノ］は様々な手がかりを提供してくれる。たとえば、［「被保険者」が「病院に行って」「治療を受け」「薬剤を受け取り」「一部負担金を支払う」］という「健康保険法」についての説明の「ことば」を読んでいる私たちは、そのコトについて、①その文章を読んでいる私たちが一時点の中に存在していることから、［ある４人の「被保険者」が、一時点に、それぞれ異なる４つの行為をそれぞれの個所で行っている］という客体としてとらえると同時に、②「……（というコト）だ」という具合に、読む主体の表現として、［「健康保険法」についての説明の「ことば」］を、現実の時間を超えて、観念的なモノとして理解するために、「表現が有している同時性」にもかかわらず、時間的な幅のある「一人の被保険者」の４つの連続した行為として捉えることも可能にする。一時点での出来事として実際に生じるコトは、①に該当するコトである。それにもかかわらず、私たちは、［「被保険者」が「病院に行って」「治療を受け」「薬剤を受け取り」「一部負担金を支払う」］という「健康保険法」についての説明の「ことば」を、時間的な幅のある「一人の被保険者」の４つの連続した行為として理解することも可能である。このようなコトと、［「抽象的」な「場」］としての＜「社会保障法」のワールド＞への突入とは、深くかかわっている。すなわち、「条文」を読むというあなたの行為は、［「書かれた文字」というモノ］を読むというコトだけではなく、現実のあなたはソコに居ながら、その現実

の自分から離れて「こうしたらこうなるのだ」というように観念的に体験しているのである。したがって、新しい「法律」ができるコトや「法改正」という出来事は、安定するモノとして作り上げられた［「こうしたらこうなるのだ」というような観念的体験］の安定性を揺さぶる出来事となる。

［「個別性」と「連続性」］と「ことば」

「為すべきことを書いた文字を読めるし、意味も理解できるが、どのようにして実践するかが分からない場合」に、不幸なことが生じるコトになる。そして、「為すべきことを書いた文字を読めるが、それがどのようなコトなのかが理解できない場合」には、一層深刻である。また、「ある一つのコト」について、片方が「為すべきコト」であると思っていても、相手方は「為すべきコトとは思っていないコト」というコトもある。確かにその通りなのだが、ココで、立ち止まらなければならないコトがある。それは、今述べてきたような事柄が、「為すべきコトを書いた文字が存在しているコト」（＝法律が存在しているコト）とは別の事柄として存在しているというコトについてである。

ためしに、1922年の「健康保険法」が創設された頃のコトを想定してみよう。この時点での「健康保険法」の存在（＝「為すべきことを書いた文章が存在しているコト」）は、限定されたある人たちにとってみれば「為すべきコト」の存在であり、そのような限定的な自己完結的な世界では、ソレは「普遍性」を持ったモノとして存在している。したがって、限定的な制度であっても、その中での「普遍性」を確保するために、①「為すべきことを書いた文字を読めるし、意味も理解できるが、どのようにして実践するかが分からない場合」や、②「為すべきことを書いた文字を読めるが、それがどのようなコトなのかが理解できない場合」などに対応するための、「ことば」を介した教育がなされるコトとなる。たとえば、「社会的な対応としての健康保険の必要性」について

232　第6部　＜「社会保障関係法」のワールド＞から＜「社会保障法」のワールド＞への突入

は、施行に際して関係職員に対して行われた講習会での［「「労働階級に属している人」は「収入の一部を貯蓄いたしまして不時の障碍が起こりました場合の備えにすると云ふことが出来憎いのであります。殊に其念慮が甚だ乏しいのであります」］（社會保険部長・湯沢三千男）（『健康保険講習会速記録』大正 15 年、1 ページ）というような「ことば」が重要な役割を果たすコトになる。そして、昭和 13 年の［「社會保険」の意義と「健康保険醫療方針」について社会保険局當事者と東京帝國大學職員の人々が膝を交へての話］で語られた「まあ普通に暮らしては居るが、一旦病氣に罹ると醫療費の大きな負擔では困るといふような程度の階級を主たる對象とするといふ建前で、その點に於きましては現在あります健康保険とさう違ひはない譯であります」（保険院社會保険局長・清水玄氏発言）（社会保険局『東京帝大醫學部に於ける健康保険醫療座談會』昭和 13 年、5 ページ）にみることができるように、健康保険創設時の個別で限定的なコトについての「ことば」が、昭和 13 年の「ことば」に、さらに、つながってゆくコトになる。実際に生じた、このような、時間的幅を持った設定の中に存在しているモノは、一方で、「個別の法律」という「個別性」であり、同時に、他方で、社会保険としての「連続性」である。そのようなコトから、「以下のようなコト」が生じるコトとなる。

［＜「社会保障法」のワールド＞の法的な独自性］――［「誰が」・「どのような場合に」・「どのような対応を」・「誰の負担で」・「どこで」についての「ことば」］作成

具体的な＜「社会保障関係法」の「主体」についての「ことば」＞や具体的な＜「社会保障関係法」の「出来事」についての「ことば」＞等などを抽象化するコトによって、［「誰が」・「どのような場合に」・「どのような対応を」・「誰の負担で」・「どこで」に対応する「ことば」］としての＜「社会保障法」の「ことば」＞をひねり出してみよう!! とはいっても、ココで試みられるコトは、［「誰が」というコト］に対して

［「要保障者」という「語」］を割り当てたり、［「どのような場合に」というコト］に［「要保障事故」という「ことば」］を割り当てたり、というようなモノではない。そのようなモノは、ただ単に、［「darega」という「音」］を［「youhoshousha」という「音」］に変換し、［「誰が」という「文字」］を［「要保障者」という「文字」］に変換した結果に過ぎない。ここで利用するのは、［「語」と「その意味」］の［「その意味」の部分］に該当する［「差異化され表現される対象」の部分］である。十分なモノとはいえないが、先ほどまで学んだことを手掛かりにして、チャレンジしてみよう。社会保障法とは、［「必要性への社会的な対応に着目して、人一般の中において差異化されるべきであるとされ概念化された存在」（＝主体）が、「必要性についての社会的対応に着目して、常態としての不介入からは差異化されるべきであるとして概念化された状態」（＝出来事）に陥った時に、「必要性についての社会的な支援に着目して、前提をなす私的扶養や生活自立からは差異化されるべきであるとして概念化された対応」（＝給付）をなされる、「必要性としての社会的な費用に着目して、私的扶養支出や自己負担支出からは差異化されるべきであるとして概念化された費用」（＝費用）を財政的基盤とした、「必要性の発生する範囲に着目して、家族や企業からは差異化されるべきであるとして概念化された空間」（＝空間）でなされるコト、を法化したモノ］である。少し長すぎたでしょうか……。

エピローグ

探査機４号 "ことば" の中で

「いやー、どうなることかと思っていたよ」

「でも、外を見てください。きれいな「ことば」が溢れてますね」

　異相空間に突入した探査機４号 "ことば" は、抽象的な＜「社会保障法」のワールド＞から、具体的な＜「社会保障関係法」のワールド＞への再突入の準備にはいっていた。瞬間、瞬間に、あっちこっちに移行しながらの探査であるから、隊員たちも、今の自分たちがどの次元にいるのかが全く分からなくなっていた。入り込んでいったところから、逆に、一つ一つ丁寧に元のところに戻ろうとしているのだが、余りにも抽象性が高くて、「具体的」な世界への帰還が困難になっていた。

「あそこだ、よし、つかんだぞ」

「あっ、なくなってしまった」

「そうか、わかった、具体的なモノのように見えているモノをソレ自体としてつかんだらだめなのだ。アレは見えていないモノなのだ」

「見えているのに、ですね」

「帰れなくなるかもしれないが、探査機４号 "ことば" を信じて、冷静に対応しよう」

「本当に存在しているかどうかは別として、＜「本当に存在しているかどうかは別として」というコト＞を考えているコト自体は現実ですよね。」

「ワカラン！！！ぐちゃぐちゃ言うな。まてよ。まさか、君！！！タイムマシン持って来たの？？？作動させちゃった？？？」

「来ちゃいました。第５部 「抽象化」訓練のワールド……[「社会保障関係法」の「抽象化」と「ことば」]に来ちゃいました。第５部がとてもヒマだったもので……」

「持って来たらだめ！！ダメだって、アレだけ言ってただろ？んん？？？やり直し！！」

エピローグ　　235

探査機4号 "ことば"「社会保障法ワールド」からの帰還準備

「第6部 <「社会保障関係法」のワールド>から<「社会保障法」のワール
　ド>への突入の逆プログラム、完了 !!! <「社会保障法」のワールド>から
　<「社会保障関係法」のワールド>への突入、準備よし !!!」

りゅーん……ミューん……ぼ

「見えました」

「何が？」

「待ってください。あれは<「社会保障関係法」のワールド>ではないですね。
　帰路を間違えてます。妙な波です。「ことば」解読します。暗号解読機器、
　"オースティン" ON!!」……ミューん……

……ミューん……「パぺら、……ミューん……< JI, じ、実際には生じなかっ
　たが、100回発語したコト>が、A<次は、本当にやってくれそうだ>と、
　B<狼が来る少年>に分離してしまうのはなぜか？」……ミューん……

「面白いな」

「つづいています」

「<今回こそは本当かも知れないとならなかった人々の気持ち>が<狼が来る
　少年>を造り出す。」……ミューん……「< 100回発語したコト>が、A<次
　は、本当にやってくれそうだ>と、B<「狼が来る少年」に分離するのはなぜ
　か？<それは、「聴く主体」のだまされた度合いなのか？><そして、A
　とBの間に、「狼が来る少年」であっても人気があるので、支持されるとい
　うパターンは存在するのか。>」……ミューん……

探査機4号 "ことば" トラブル発生

　……ミューん……「<発表されたソレ>が<事実>か否かは別として、<大本
営発表の「ことば」>としては（権威づけされた）<本物の大本営発表>であ
る。」……ミューん……「<「ことば」は「実際に存在していること」を表現して
いる>というような、より上位の観点からという脈絡では「うそ・偽物」であっ
たとしても、<（ちゃんとした）本当の偽物>である」……ミューん……「一定
の限度を超えると、<真実>ではなくても、<大本営発表の「ことば」としての
「本物さ」>を持っていれば好まれる。」……ミューん……「多くの人々にとって
は、<真実か否か>はどうでもよく、<本物の「大本営発表」の「ことば」>で
あればよい。……ミューん……「<発語されたという事実>と<発語されたソレ

を実行するコト＞とは別モノである。」

「完全に帰路を間違えてます。トラブル発生！！」……ミューン……

「工具、トン価値、メス」

「それがどうかしましたか？」

「工具、トン価値、メスを用意してくださいなんて、全部言わなくても、わかるでしょ！！語・脈絡・意味」……ミューン……

探査機４号 "ことば" 修理完了

「工具が……いろいろ、そろいました。取りあえず、"あいうえお"順です。」

「ウィトゲン・シュタイン」

「オースティン」

「クリスティヴァ」

「クワイン」

「ソシュール」

「チョムスキー」

「ベンヤミン」

「三浦つとむ」

「ミシェル・フーコー」

「ラカン」

「ロラン・バルト」

「むー、そうとうばらばらだなー」

「"定額の高額療養費"」

「teigakuno kougakuryoyouhi」

「どうだ？」

「"低額の高額療養費" が出てきました」

「形容詞と意味の生成部分が弱点だな。ソシュール回線を工夫しないとな。」

「社会保障」

「釈迦意歩哨」

「音声はきっちり受け取っているはずだがな。」

「つぎはぎですが、とりあえず、つなぎました。修理完了です」

「すごっかったな。見えてきたぞ。」

「都道府県の区域内に住所を有する者は、当該都道府県が当該都道府県内の市町村とともに行う国民健康保険の被保険者とする。」

エピローグ　　237

「おっ、とりあえず、具体的なワールドですね。被保険者、抽象化すれば主体ですよ。」

「抽象化されてますね。次、次……。「厚生労働大臣の免許」、「助産又は妊婦、じよく婦若しくは新生児」、「保健指導」、「業」、「女子」ですよ。」「これは、具体的な世界では、保健師助産師看護師法の「助産師」ですね。」

「深入りはやめ！！」

探査機４号"ことば"のその後

「次はー、＜第１条この法律は、労働者の業務外の事由による疾病、負傷若しくは死亡又は出産及びその被扶養者の疾病、負傷、死亡又は出産に関して保険給付を行い、もって国民の生活の安定と福祉の向上に寄与することを目的とする。＞です。座席の安全ベルトをチェックしてください。」

「とりあえず具体的ですね。いよいよですね。次の駅は社会保険ですよ。」

「頼むぞ！！間違えるなよ！！」

……ミューン……「＆％＠＃」……ミューん……

「健康を有する文化的な国民は、すべて最低限度の権利で生活を営む。」

「文法的には何とかOK です。」

……ミューん……「＆％＠＃」……ミューん……

「使用するために選ばれる「語」と「配置」と「全体性」の具合」

……ミューん……「＆％＠＃」……ミューん……

「よーし」

「スキー場」「男性」「日焼け」「歯」「白」「タバコ」「歯磨き粉」

「歯の真っ白な、健康なスポーマン、みたいですね。」

……ミューん……「＆％＠＃」……ミューん……

「日焼け」「病院」「歯」「タバコ」「男性」「白」「歯磨き粉」

「大変な病気のようですね。」

「画面を見て下さい。かっこいい！！」

「構成要件」・「支給要件」は、「聞く主体」・「前言語」と関係している。「事実」が法的に意味をもつようになるのは、人々の「前言語」＝「構成要件」・「支給要件」との関係で、「固有名詞的存在」が「普通名詞的存在」に移行するコトである。

「ねーママ。パパおそいね。どこにいったの？」

「居酒屋"大将"じゃないの。」

「ソレにしても、何か騒がしいわね。」
＜……ミューん……「＆％＠＃」……ミューん……＞
《2018 年 7 月 16 日 19 時 30 分》

あとがき

　ふとした時、「私は何を表現したいのだろう」というようなコトを考えるコトがある。以前はそうでもなかったのだが、近頃は、このような感覚に襲われる（？）コトが多くなった。そういえば、近頃は、「書かなければ」という気持ちではなく、「表現したい」という気持ちが先だっている。そして、ソレを表現できる「場」も提供してもらっている。その意味では、大変恵まれているというコトになる。兎に角、最近は、「自分が考えているコトをどのように表現すれば、自分が考えているコトに近づくことができるのだろう」という毎日である。読者の方たちからは、「70歳で？」なんて言われるかもしれない。気がついたら、エレキも弾かなくなったし、音楽を聴くコトも少なくなった。コレでいいのかなぁー。

　ところで、『この本』は、『「考え方」で考える社会保障法』（成文堂2015年）、『「ありよう」で捉える社会保障法』（成文堂2016年）、『「議事録」で読む社会保障の「法的姿」』（成文堂2017年）に続くモノである。毎年毎年のコトになると、書いている私の感覚は、いつまで続くのかわからない「シリーズ」モノを書いているような感覚になってしまった。その意味では、コレは四冊目にあたるようなモノである。

　実は、当初は、全く趣の異なる『本』を想定していた。ところが、いつも相談に乗ってくださる編集の篠崎さんから「先生は研究者なのですから…」というアドバイスをいただいた。その後、「表現したいコト」を改めて振り返ってみた。そうすると、表現したいコトの多くが、『比較福祉の方法』（成文堂2011年）の各章に分散しているような気がしてきた。そうすると、表現したい複数のコトが見えてきた。ということで、選んだ「テーマ」は、無謀かもしれないが、「「ことば」というモ

ノ］を手掛かりとするというコトにした。では、なぜ［「ことば」というモノ］なのか？　それは、私たちが実践してきた「社会保障法」についての研究方法と関係している。そのコトについては、［『この本』の「狙い」］の個所を読んでいただきたい。

とはいっても、私は「哲学」、「言語学」の専門家ではない。私の専門は、一応、「法学」というコトになっている。ただ、「哲学」、「言語学」と表現されるような方法については、なんとなくではあるものの「面白いなあ」と思っていた。そして、「退職後、本をどうしよう」と悩んでいた私は、よせばいいのに、再び『本』を買い始めてしまった。

ともあれ、連続の四冊目だ。五冊目はどうしよう。私としては、『この本』で試したようなコトを更に…等と思っている。ただ、どれだけ考えても、それに耐える「材料」と「方法」が見つからない。そんなとき、「そうだ、編集の篠崎さんとお酒を飲もう‼」というコトになってしまう。

退職後は、九州で町屋を改装してカフェをやろう‼ なんて妄想をしていた私は、昨年の10月から、ついに、福岡県の「八女」の町屋に入り込んだ。仲間と家族と街づくりだ。そして、町屋「ミュゼ・ブラン」で、ワイン、ブリティッシュ・ロック、そして、五冊目。

2018 年 7 月 16 日
久しぶりにエリック・クラプトンの"ワンダフル・トゥナイト"を聴きながら

著 者 記 す

著者略歴

久塚純一（ひさつか じゅんいち）

1948年札幌市生まれ。同志社大学法学部法律学科、九州大学大学院法学研究科を経て、現在、早稲田大学社会科学総合学術院教授

主要著書

『フランス社会保障医療形成史』（九州大学出版会）、『比較福祉論』（早稲田大学出版部）、『世界の福祉』（共編著、早稲田大学出版部）、『乳がんの政治学』（監訳、早稲田大学出版部）、『社会保険と市民生活』（共著、放送大学教育振興会）、『社会保障法　解体新書』（共編著、法律文化社）、『世界のNPO』（共編著、早稲田大学出版部）、『フーコーと法』（監訳、早稲田大学出版部）、『福祉を学ぶ人のための法学』（共編著、法律文化社）、『高齢者福祉を問う』（共編著、早稲田大学出版部）、『比較福祉の方法』（成文堂）、『「考え方」で考える社会保障法』（成文堂）、『「ありよう」で捉える社会保障法』（成文堂）、『「議事録」で読む社会保障の「法的姿」』（成文堂）

「ことば」と社会保障法
——規範的独自性を探る——

2018年9月1日　初版第1刷発行

著　者　久　塚　純　一

発行者　阿　部　成　一

〒162-0041　東京都新宿区早稲田鶴巻町514番地
発行所　株式会社　成　文　堂
電話 03(3203)9201(代)　　FAX 03(3203)9206
http://www.seibundoh.co.jp

製版・印刷　藤原印刷　　　　　　　　　　製本　弘伸製本
☆乱丁・落丁本はおとりかえいたします☆　　検印省略
©2018　J. Hisatsuka　Printed in Japan
ISBN978-4-7923-3378-2 C3032

定価(本体2900円＋税)